Stormie Omartian

Mein Gebet macht uns stark

Was geschieht, wenn Frauen für Ihren Mann beten

Aus dem Amerikanischen von
Damaris Müller

11. Auflage 2025, 23. Gesamtauflage

R. Brockhaus in der SCM Verlagsgruppe GmbH
Max-Eyth-Straße 41 · 71088 Holzgerlingen
brockhaus-verlag.de

MIX
Papier | Fördert gute Waldnutzung
FSC® C083411

Die amerikanische Originalausgabe erschien unter dem Titel
THE POWER OF A PRAYING® WIFE

Published by Harvest House Publishers
Eugene, Oregon 97402
www.harvesthousepublishers.com

Die Bibelstellen unter dem Abschnitt „Kraft aus Gottes Wort" sind entnommen aus:

Neues Leben. Die Bibel, © der deutschen Ausgabe 2002 und 2006 SCM R. Brockhaus in der SCM Verlagsgruppe GmbH Witten/Holzgerlingen

Außerdem wurden folgende Bibelausgaben zitiert:
Revidierte Elberfelder Übersetzung © 1992 R.Brockhaus Verlag. (RE)

Einheitsübersetzung der Heiligen Schrift, © 1980 Katholische Bibelanstalt, Stuttgart. (EÜ)

Lutherbibel, revidierter Text 1984, durchgesehene Ausgabe in neuer Rechtschreibung, 1999 Deutsche Bibelgesellschaft, Stuttgart. (L)

Hoffnung für alle®, Copyright © 1983, 1996, 2002, 2015 by Biblica, Inc.®. Verwendet mit freundlicher Genehmigung des Herausgebers Fontis – Brunnen Basel. (Hfa)

Umschlaggestaltung: Ulrike Vohla, grafikdesign-storch, Rosenheim
Satz: Breklumer Print-Service, Breklum
Druck und Bindung: CPI books GmbH, Leck
Gedruckt in Deutschland
ISBN 978-3-417-26607-8
Bestell-Nr. 226.607

INHALT

Dieses Buch ist meinem Ehemann Michael gewidmet,
der dafür gesorgt hat,
dass mir die Gebetsanliegen nie ausgingen.
Gemeinsam haben wir erlebt,
dass Gott unsere Gebete erhört.

Vorwort

Sobald in unserer Familie die Rede darauf kommt, wie lange Stormie und ich bereits verheiratet sind, witzele ich: »Es waren vierzig wunderbare Jahre für mich und vierzig elende Jahre für sie.«

Nach vierzigjähriger Ehe gibt es tatsächlich keinen Aspekt meines Charakters, über den meine Frau nicht völlig im Bilde wäre. Sie hat meine Erfolge und Niederlagen miterlebt und die Auswirkungen meiner Schwierigkeiten und Depressionen zu spüren bekommen. Niemand sonst auf dieser Welt weiß, wie oft ich an meiner Eignung zum Ehemann, Vater und Musiker gezweifelt habe und wie oft ich wütend auf Gott war, weil er nicht sofort eingegriffen hat, als ich ihn darum gebeten habe.

Gemeinsam konnten wir jedoch auch erleben, dass Gott Wunder tat und unser Leben schlagartig veränderte. Stormies Gebete haben in meinem Leben eine entscheidende Rolle gespielt, und dieses Buch spiegelt ihre langjährigen Erfahrungen wider. Heute kann ich mir nicht mehr vorstellen, wie mein Leben ohne ihre Gebete aussehen würde, denn ihre Fürbitte vermittelt mir Sicherheit und Geborgenheit. Durch diesen Dienst befolgt Stormie Gottes Gebot, in dem es heißt, dass wir füreinander im Gebet eintreten und die Lasten des anderen tragen sollen. Meiner Ansicht nach gibt es keine bessere Art und Weise, wie Sie Ihren Ehemann lieben können, als regelmäßig und intensiv für ihn zu beten. So können Sie dazu beitragen, dass er die Gnade und den Segen Gottes auf ungeahnte Weise erlebt.

Stormie, ich liebe dich und schätze deine Gebete mehr, als ich sagen kann.

Michael

EINLEITUNG

Die Macht des Gebets

Am Anfang dieses Buches möchte ich eine Sache klarstellen: Falls Sie hoffen, von mir ein Rezept zu erhalten, wie Sie Ihren Ehemann besser unter Ihre Fuchtel bekommen können, muss ich Sie leider enttäuschen! Genau das Gegenteil ist der Fall, denn sobald Sie auf die Macht des Gebets vertrauen, ziehen Sie unter alle eigenen Bemühungen und Wünsche einen Schlussstrich und verlassen sich ausschließlich auf die Kraft Gottes. Dann ist es Gottes Sache, Ihre Ehe, Sie selbst, Ihren Mann und Ihre Lebensumstände zu verändern.

Das Gebet ist keine Waffe, mit der wir ein störrisches Tier im Zaum halten, sondern es ist ein Werkzeug, mit dem wir im Verborgenen an der Erneuerung unserer Beziehung arbeiten. Das ist nur möglich, wenn es uns wichtiger ist, das Richtige zu tun, als immer Recht haben zu müssen. Wir verzichten darauf, Gleiches mit Gleichem zu vergelten, und sind stattdessen bereit, uns um das Wohl des anderen zu kümmern. Indem wir für unseren Ehemann beten, bauen wir einen Kanal, durch den die Kraft Gottes in sein Leben fließen kann. Auf diese Weise wird er von Gott gesegnet und dieser Segen färbt schließlich auch auf uns selbst ab.

Als Michael und ich frisch verheiratet waren und die ersten Konflikte auftauchten, kam es mir nicht sofort in den Sinn, für ihn zu beten. Ich betrachtete das Gebet eher als letzten Ausweg, zu dem man erst Zuflucht nahm, nachdem alle anderen Mittel versagt hatten. Daher probierte ich es zunächst mit Argumentieren, Ignorieren, Aus-dem-Weg-Gehen, Diskutieren und selbstverständlich auch mit Beleidigtsein. Unglücklicherweise zeigten alle meine Bemühungen so gut wie keinen Erfolg und es dauerte eine ganze Weile, bis ich begriff, dass ich diese unerfreulichen Auseinandersetzungen vermeiden konnte, wenn ich *vorher* betete.

Inzwischen sind Michael und ich über vierzig Jahre miteinander verheiratet, und das ist im wahrsten Sinne des Wortes ein Wunder. Diese Tatsache ist kein Beweis für unseren guten Charakter, sondern sie zeigt, dass Gott auch heute noch Gebete erhört. Sogar nach all diesen Jahren muss ich gestehen, dass ich mit dem Lernen noch nicht fertig bin und dass es mir keineswegs immer leicht fällt. Und obschon ich im Beten noch nicht so viel Übung habe wie in manch anderen Methoden, kann ich Ihnen aus tiefster Überzeugung versichern, dass es sich lohnt, Gott um seine Hilfe zu bitten.

Leider begriff ich erst, was echte Fürbitte für meinen Mann bedeutet, als ich anfing, für unsere Kinder zu beten. Nachdem ich an meinen Kindern tiefgreifende Veränderungen beobachten konnte, entschloss ich mich, genauso ausführlich und eifrig für meinen Mann zu beten. Allerdings habe ich rasch festgestellt, dass es viel leichter ist, für unsere Kinder im Gebet einzutreten. Von dem Augenblick an, in dem wir sie zum ersten Mal sehen, wollen wir nur das Beste für sie und empfinden eine überwältigende und bedingungslose Liebe. Bei unserem Ehemann ist es oft nicht ganz so einfach — vor allem dann, wenn man schon einige Jahre miteinander verheiratet ist. Unser Mann kann unsere Gefühle verletzen, er kann rücksichtslos, gleichgültig, beleidigend, irritierend oder nachlässig sein. Durch sein Handeln oder Reden kann er uns kleine Splitter ins Herz jagen, die sofort anfangen zu eitern, sobald wir für ihn beten wollen. Bevor wir diese schmerzenden Splitter entfernt haben, werden wir nicht in der Lage sein, wirklich im Gebet für ihn einzustehen.

Für unseren Mann Fürbitte zu leisten ist nicht dasselbe, wie für unsere Kinder zu beten (auch wenn es ähnlich erscheinen mag), denn wir sind nicht die Mutter unseres Mannes. Gott hat uns Autorität über unsere Kinder geschenkt, aber wir haben *keine* Autorität über unseren Ehemann. Da Gott uns jedoch Vollmacht über »die ganze Macht des Feindes« verliehen hat, können wir Satans Plänen großen Schaden zufügen, indem wir für unseren Mann beten (Lukas 10,19). Viele Schwierigkeiten, die innerhalb einer Ehe auftauchen, gehören zur Strategie des Feindes, durch die er diese Ehe zerstören will. An diesem Punkt können wir uns hinstellen und sagen:

»Ich werde nicht zulassen, dass meine Ehe kaputt geht.«

»Ich werde nicht tatenlos zusehen, wie mein Mann immer niedergeschlagener und erschöpfter wird.«

»Ich werde alles in Bewegung setzen, damit sich zwischen uns keine unsichtbare Wand bildet.«

»Ich werde mit allen meinen Kräften verhindern, dass Verwirrung, Missverständnisse, schlechte Gewohnheiten oder falsche Entscheidungen das zerstören, was wir gemeinsam aufgebaut haben.«

»Ich werde nicht dulden, dass Verletzungen und Unvergebenheit schließlich zu einer Scheidung führen.«

Tatsächlich haben wir es in der Hand, unsere Ehe vor schädlichen Einflüssen zu schützen, denn wir wissen, dass Gott uns in seinem Namen die Vollmacht dazu verliehen hat. Es steht in unserer Macht, unsere Ehe mit einem Schutzwall zu umgeben, weil Jesus gesagt hat: »Ich versichere euch: Was ihr hier auf der Erde für verbindlich erklären werdet, das wird auch vor Gott verbindlich sein; und was ihr hier für nicht verbindlich erklären werdet, das wird auch vor Gott nicht verbindlich sein« (Matthäus 18,18). Im Namen Jesu besitzen wir die Autorität, das Böse aufzuhalten und das Gute zuzulassen. Sie können Gott jede Schwierigkeit nennen, mit der Ihr Mann konfrontiert ist — Alkoholsucht, Überarbeitung, Trägheit, Depressionen, Krankheit, Zorn, Sorge, Furcht oder Versagen —, und können Gott bitten, ihn davon zu befreien.

Einen Augenblick! Bevor Sie Ihre Ehe abschreiben . . .

Es gab tatsächlich eine Zeit, in der ich ernsthaft über eine Trennung oder Scheidung von Michael nachgedacht habe. Dies zuzugeben fällt mir immer noch schwer, denn im Grunde genommen glaube ich nicht, dass Trennung oder Scheidung die wahre Lösung für eine zerrüttete Ehe darstellen. Wenn ich Gottes Wort lese, dann bin ich der festen Überzeugung, dass Scheidung falsch ist.

Obwohl ich Gott ganz bestimmt keinen Kummer bereiten möchte, kenne ich aber auch die Verzweiflung, die einen so lähmt, dass man keine vernünftigen Entscheidungen mehr treffen kann. Ich steckte in einer so tiefen Hoffnungslosigkeit, dass ich einfach keine Kraft mehr hatte, das Richtige zu tun. Zu dieser Zeit fühlte ich mich unaussprechlich einsam und sehnte mich mit allen Fasern meines Herzens nach einer Person, die mich verstehen würde. Ich litt so sehr unter dem Zustand meiner Ehe, dass ich aus Angst, an dieser Qual zu sterben, nach dem einzig absehbaren Ausweg suchte und der Ursache dieses Schmerzes entfliehen wollte. Es gab viele dunkle Stunden, in denen ich eine Verzweiflungstat in Erwägung zog, weil ich glaubte, keine Zukunft mehr vor mir zu haben. In meinem Inneren stauten sich die bitteren Gefühle so lange auf, bis mir eine Trennung oder Scheidung wie eine echte Erlösung erschien.

Das größte Problem, dem ich in meiner Ehe gegenüberstand, war der Jähzorn meines Mannes. Michaels Wut richtete sich ausschließlich gegen mich und die Kinder, und seine Worte waren wie spitze Pfeile, die uns lähmten und verletzten. Ich will keineswegs behaupten, dass ich selbst keine Fehler gemacht hätte — ganz im Gegenteil. Bestimmt trifft mich genauso viel Schuld wie ihn, doch ich wusste einfach nicht, wie ich mit dieser Situation umgehen sollte. Immer wieder flehte ich Gott an, die Wut meines Mannes zu mildern und ihn rücksichtsvoller und freundlicher werden zu lassen, ohne dass sich bei Michael viel veränderte. Hörte Gott nicht auf meine Gebete oder bevorzugte er etwa die Männer und stellte sich auf ihre Seite?

Als ich nach einigen Jahren immer noch in derselben Misere steckte, schrie ich eines Tages völlig verzweifelt zu Gott: »Herr, ich kann so nicht mehr weiterleben. Ich weiß zwar, wie du über Scheidung denkst, aber ich kann einfach nicht mehr mit Michael unter einem Dach leben. Hilf mir, Herr!« Stundenlang saß ich mit der Bibel in der Hand auf meiner Bettkante und kämpfte mit dem überwältigenden Verlangen, meine Kinder zu nehmen und meinen Mann zu verlassen.

Da ich Gott ehrlich anvertraute, was ich fühlte, schenkte er mir einen sehr klaren und realistischen Ausblick auf die Zukunft, die mich erwarten würde, falls ich meinen Wunsch in die Tat umsetzte. Ich stellte mir vor, wo ich leben würde, wie ich für meinen Lebensunterhalt sorgen und mich um meine Kinder kümmern würde. Dann fragte ich mich, welche Freunde zu mir halten würden und auf welche Weise dieser Schritt das Leben meiner Kinder beeinflussen würde. Die Zukunftsaussichten, die sich hier vor mir auftaten, ergaben ein sehr düsteres und trauriges Bild. Obwohl ich hoffte, durch eine Trennung eine vorübergehende Erleichterung zu finden, hätte ich dafür alles opfern müssen, was mir lieb und teuer war. Im Grunde meines Herzens wusste ich, dass dies nicht Gottes Plan sein konnte.

An diesem entscheidenden Punkt gab Gott mir ein Versprechen: Falls ich bereit sein würde, meine eigenen Wünsche aufzugeben und mich ihm mit Haut und Haaren anzuvertrauen, würde er mir zeigen, wie ich im Gebet für Michael eintreten konnte. Ich würde verstehen lernen, was wahre Fürbitte für meinen Mann bedeutet, und durch diesen Prozess würde Gott selbst meine Ehe neu beleben und seinen Segen über uns ausschütten. Nachdem wir unsere Schwierigkeiten überwunden hätten, würde es uns weitaus besser gehen, als wenn jeder von uns sein Leben allein bewältigte. Dann machte Gott mir klar, dass Michael durch seine Vergangenheit in einem Netz verstrickt war, aus dem er sich nicht allein befreien konnte und das es ihm unmöglich machte, sein Wesen zu ändern. Falls ich jedoch meine Einwilligung dazu gab, würde Gott mich als sein Werkzeug benutzen, um Michael aus dieser Gefangenschaft zu erlösen. Es fiel mir unglaublich schwer, zu diesem Vorschlag Ja zu sagen, und es war ein tränenreicher Kampf, bis es so weit war. Als ich mich jedoch endlich dazu entschloss, fühlte ich zum ersten Mal seit vielen Jahren wieder Hoffnung in mir aufsteigen.

Nun begann ich täglich für Michael zu beten, und zwar inbrünstiger, als ich jemals zuvor in meinem Leben gebetet hatte. Gleichzeitig wurde mir jedoch immer wieder bewusst, wie tief verletzt ich war und dass ich ihm im Grunde genommen gar nicht vergeben wollte. Ich will überhaupt nicht für ihn beten und Gott bitten, dass er ihn segnet, dachte ich. Es wäre mir viel lieber, Gott würde ihm ordentlich ins Gewissen reden und ihm klar machen, wie gemein er sich verhalten hat. Schließlich musste ich Gott mehrmals bekennen, wie hart und verbittert ich war, und ihn bitten, mich von meiner Unversöhnlichkeit zu befreien.

Ganz allmählich konnte ich beobachten, dass sowohl Michael sich veränderte als auch ich mich selbst. Wenn er wieder einmal wütend wurde, betete ich für ihn, anstatt so zu reagieren, wie ich es früher getan hatte. Ich bat Gott, mir zu zeigen, was der tiefere Grund für Michaels Jähzorn war, und er erhörte meine Bitte. Dann fragte ich Gott, was ich tun könne, um die Situation zu verbessern, und er erklärte mir einige ganz praktische Schritte. Michaels Wutanfälle wurden immer seltener und er beruhigte sich rascher als früher. Tag für Tag trug das Gebet zur Erneuerung unserer Ehe bei, und obwohl wir beide immer noch alles andere als vollkommen sind, haben wir einige tief greifende Veränderungen erlebt. Es war nicht immer leicht, das zu tun, was Gott von mir verlangte, doch ich bin davon überzeugt, dass es sich gelohnt hat und dass dieser Weg die einzige Methode darstellt, wie man eine gefährdete Ehe retten kann.

Die Fürbitte, die eine Frau für ihren Mann leistet, hat weitaus größere Auswirkungen, als wenn andere Menschen für ihn beten — sogar, wenn es sich um seine eigene Mutter handelt. Zweifellos sind die Gebete einer Mutter etwas ganz Besonderes, doch wenn ein Mann heiratet, verlässt er seine Eltern, um mit seiner Frau eins zu werden (Matthäus 19,5). Jetzt gehören diese beiden Menschen untrennbar zusammen und bilden eine Einheit, die durch den Heiligen Geist verstärkt wird. Aus diesem Grund sind die vereinten Kräfte von Mann und Frau in Gottes Augen viel größer, als wenn beide Personen unabhängig voneinander handeln würden und man ihre Erfolge zusammenzählte. Sobald ein Mann und eine Frau das Team bilden, zu dem Gott sie bestimmt hat, gibt der Heilige Geist ihnen uneingeschränkte Rückendeckung.

Genau deshalb steht auch so viel auf dem Spiel, falls wir *nicht* beten. Können Sie sich vorstellen, ausschließlich für die rechte Seite Ihres Körpers zu beten und die linke Seite völlig außer Acht zu lassen? Sobald die eine Hälfte des Körpers so geschwächt ist, dass sie zusammenbricht, reißt sie die andere Hälfte mit sich. Dasselbe gilt auch für Sie und Ihren Mann. Solange Sie nur für sich selbst beten und keine Fürbitte für Ihren Mann leisten, werden Sie nie den Segen und die Erfüllung erleben, die Sie sich erhoffen. Die Schwierigkeiten, mit denen Ihr Mann kämpft, betreffen Sie ebenfalls, und diese Tatsache können Sie nicht umgehen.

Die Einheit von Mann und Frau birgt eine Stärke in sich, die dem Teufel ein Dorn im Auge ist, und daher setzt er alles daran, um dieses Team zu schwächen. Er verwendet jeden Trick, der bei uns wirkt — ob es sich nun um Minderwertigkeitsgefühle, Stolz, Rechthaberei, Missverständnisse oder selbstsüchtige Wünsche handelt. Darüber hinaus flüstert er uns Lügen zu wie: »Diese Situation wird sich nie ändern«, »Du wirst deine Schwächen niemals in den Griff bekommen«, »Mach dir keine Hoffnungen, dass ihr euch jemals versöhnen werdet« oder: »Mit einem anderen Mann könntest du viel glücklicher werden.« Satan wird Ihnen die Dinge einreden, denen Sie am ehesten Glauben schenken, weil er weiß, dass Ihre Ehe keine Zukunft mehr hat, sobald er Sie von diesen Lügen überzeugt hat. Wenn Sie erst einmal genug Lügen akzeptiert haben, wird sich Ihr Herz gegenüber Gottes Wahrheit verschließen.

In jeder kaputten Ehe gibt es zumindest eine Person, deren Herz sich verhärtet hat. Ist dieser Zustand einmal eingetreten, kann man die Dinge nicht mehr von Gottes Standpunkt aus betrachten. Wer in seiner Ehe nicht mehr glücklich ist, hat das Gefühl, dass jede Veränderung eine Verbesserung gegenüber dem augenblicklichen Zustand darstellt. Aber wir Menschen sehen nie das ganze Bild. Anstatt zu erkennen, was Gott mit uns vorhat, richten wir unseren Blick nur auf die Gegenwart und den Ist-Zustand. Sobald wir jedoch ernsthaft beten, wird unser Herz empfänglich für Gottes Reden und wir begreifen, aus welcher Sicht *er* unser Leben sieht. Plötzlich bekommen wir neue Hoffnung und fangen an zu glauben, dass Gott uns all das schenken kann, was wir in unserer Ehe bisher so schmerzlich vermisst haben. In Joel 2,25 verspricht Gott: »Jetzt ersetze ich euch die Ernten, die die Heuschreckenschwärme vernichtet haben.« Wir können uns also darauf verlassen, dass er den Schmerz, die Hoffnungslosigkeit, die

Härte und die Unversöhnlichkeit wegnehmen kann, die so viel zur Zerstörung unserer Ehe beigetragen haben.

Wie glücklich muss Maria Magdalena gewesen sein, als sie an jenem Morgen zu dem Grab ging, in das man Jesus gelegt hatte, und herausfand, dass er gar nicht tot war, sondern durch die Kraft Gottes vom Tod auferweckt worden war! Die Freude, die wir empfinden, wenn etwas tot Geglaubtes plötzlich wieder zum Leben erweckt wird, übertrifft alles andere. Und dieselbe Kraft, die Jesus damals wieder lebendig gemacht hat, wird die toten Bereiche in Ihrer Ehe neu beleben und ihnen eine neue Dynamik schenken. »Denn so wie Gott Christus, den Herrn, vom Tod auferweckt hat, so wird er durch seine Kraft auch uns vom Tod auferwecken« (1. Korinther 6,14). Mit dieser Kraft können wir unser Ziel erreichen, doch wir müssen bereit sein, uns an Gottes Bedingungen zu halten. Unser Herz muss auf Gott ausgerichtet sein und wir müssen die Sache im Gebet durchkämpfen, bis Gott unsere Liebe von den Toten auferstehen lässt. Zweifellos werden wir durch schwierige Zeiten gehen und an ihnen wachsen, doch es gibt keinen anderen Weg, wie wir diese unvergleichliche Freude erleben können.

Sie selbst müssen entscheiden, wie viel Ihnen daran liegt, dass Ihre Ehe funktioniert, und wie sehr Sie sich dafür einsetzen wollen. *Sie* müssen den Glauben aufbringen, dass Ihre Ehe gerettet werden kann — trotz der schlimmen Spuren, die Verletzungen, Gleichgültigkeit und Egoismus zurückgelassen haben. Nur Sie selbst können sich vertrauensvoll an Gott wenden und ihn bitten, dass so schwerwiegende Faktoren wie Misshandlung, der Tod eines Kindes, Untreue, Armut, Verluste, schwere Krankheiten oder Unfälle Ihre Beziehung nicht länger erdrücken können. Sie ganz allein müssen sich dazu entschließen, hinter solchen zermürbenden Dingen wie Überarbeitung, Alkoholsucht, Drogenmissbrauch oder Depression einen Schlussstrich zu ziehen. Schlechte Gewohnheiten oder falsche Haltungen schleichen sich oft so unbemerkt ein, dass man erst feststellt, welche Gefahr sie in sich bergen, wenn es beinahe schon zu spät ist. Ich denke dabei an den Fehler, dass man seine Karriere, seine Träume oder seine Kinder vergöttert und für nichts anderes mehr Zeit hat. Doch auch diese

Klippe lässt sich mit Gottes Hilfe umschiffen, wenn Sie genügend Zutrauen zu Gottes Größe und Allmacht haben.

Falls Sie eines Tages aufwachen und das Gefühl haben, dass ein Fremder neben Ihnen im Bett liegt; falls Sie irgendwann feststellen, dass Sie sich immer weiter voneinander entfernt haben und keine Verbindung mehr zwischen Ihnen besteht; falls Sie spüren, dass Ihre Hoffnung und Liebe immer mehr dahinschwinden; falls Ihre Beziehung einem bodenlosen Abgrund voller Schmerz und Zorn gleicht und Ihre Verzweiflung mit jedem Tag größer wird; falls jedes Wort einen neuen Keil zwischen Sie und Ihren Mann treibt, bis sich dieses Hindernis unüberschaubar vor Ihnen auftürmt — dann kann ich Ihnen versichern, dass dieser Zustand nichts mit Gottes ursprünglichem Plan für Ihre Ehe zu tun hat. Gott möchte die unüberwindlichen Barrieren niederreißen und Sie aus dem Abgrund der Verzweiflung holen. Nur er allein kann Ihre Verletzungen heilen und Ihr Herz mit neuer Liebe erfüllen.

Zuerst müssen Sie jedoch eine Entscheidung treffen und sagen: »Herr, ich bitte dich, dass du diesen Konflikt beendest und uns von dem Zwang erlöst, immer wieder miteinander zu streiten. Bitte heile unsere Wunden und befreie uns von dem Panzer, mit dem wir uns umgeben haben, um uns selbst zu schützen. Rette uns aus dem Abgrund der Bitterkeit und erfülle uns mit deinem Heiligen Geist, damit alle unsere Worte deine Liebe, deinen Frieden und deine Versöhnung widerspiegeln. Zerstöre die Mauern, die wir aufgebaut haben, und hilf uns, wieder ganz neu aufeinander zuzugehen. Bitte zeig uns einen Weg aus der lähmenden Gleichgültigkeit, damit wir die Heilung und Erneuerung erleben, die du für uns bereithältst.«

Schreiben Sie Ihre Ehe nicht ab, sondern bitten Sie Gott, Ihnen einen neuen Ehemann zu schenken. Für Gott ist es eine Kleinigkeit, Ihren Partner zu verwandeln und in Jesus Christus zu einem neuen Menschen zu machen. Es war ganz bestimmt nicht Gottes Gedanke, dass ein verheiratetes Paar ständig miteinander streitet, sich auseinander lebt oder sogar scheiden lässt. Da wir Gottes Allmacht auf unserer Seite haben, brauchen wir unsere Ehe nicht dem Zufall zu überlassen, sondern können im Gebet für unsere

Beziehung kämpfen. Durch diesen Prozess werden wir neue Hoffnung schöpfen, denn solange wir beten, ist längst noch nicht alles verloren. Wo Gott eingreift, hat nicht einmal der Tod eine Chance, und Gott kann sogar Ihre tot geglaubten Gefühle zu neuem Leben erwecken.

Und was ist mit mir? Ich brauche doch auch Gebet!

Sobald Sie sich darauf einlassen, regelmäßig für Ihren Mann zu beten, fragen Sie sich vermutlich, ob Ihr Partner irgendwann ebenso intensiv für Sie beten wird. Natürlich wäre es großartig, wenn er es tun würde, doch Sie sollten lieber nicht damit rechnen. Für Ihren Mann im Gebet einzustehen ist ein Akt selbstloser Liebe und ein bedingungsloses Opfer, das Sie für Ihre Ehe bringen. Sie sollten sich also vorher darüber im Klaren sein, dass Ihr Mann höchstwahrscheinlich niemals in derselben Weise für Sie beten wird. Vielleicht wird er sogar überhaupt nicht für Sie beten. Zwar können Sie ihn darum bitten und diesen Wunsch zu Ihrem eigenen Gebetsanliegen machen, doch Sie können ihn nicht dazu zwingen.

Ob er überhaupt für Sie betet und wie oft er es tut, ist jedoch nicht Ihre Angelegenheit, sondern Gott selbst wird sich darum kümmern. Daher sollten Sie ihn ganz bewusst von dieser Verpflichtung befreien — zumal er sich ins eigene Fleisch schneiden wird, falls er nicht für Sie betet. Ihr Wohlergehen und Ihre Erfüllung sind nicht von seinen Gebeten abhängig, sondern gründen sich ausschließlich auf Ihre Beziehung zu Gott. Selbstverständlich benötigen auch Ehefrauen Fürbitte, aber ich bin davon überzeugt, dass wir nicht von unseren Ehemännern erwarten sollten, dass sie diesen Bereich unseres Lebens abdecken. Wenn Frauen hoffen, in ihrem Mann ihren eifrigsten und treuesten Gebetspartner zu finden, legen sie dadurch oft selbst den Grundstein für Enttäuschungen und Versagen.

Ich habe festgestellt, dass es für unsere Ehe am besten ist, wenn ich mich einmal in der Woche mit anderen Frauen zum Gebet treffe. Inzwischen glaube ich sogar, dass diese Form des gemeinsamen Gebets für jede Ehe lebenswichtig ist. Suchen Sie sich zwei oder drei glaubensstarke Frauen, denen Sie alles anvertrauen können, was Sie bewegt, und vereinbaren Sie einen Zeitpunkt für einen wöchentlichen Gebetskreis. Sie werden bald entdecken, dass diese gemeinsame Fürbitte Ihr Leben verändert. Selbstverständlich will ich Sie nicht dazu auffordern, indiskret zu sein oder Ihren Gebetspartnerinnen jede Kleinigkeit zu erzählen, die nur Sie und Ihren Mann etwas angeht. Die Zielsetzung dieses Gebetskreises soll darin bestehen, Gott gemeinsam zu bitten, dass er *Ihr* Herz verändert und Ihnen zeigt, wie Sie eine gute Ehefrau sein können. Wichtig ist, dass Sie Ihre Gebetsanliegen äußern und mit Ihren Gebetspartnerinnen Gott bitten können, dass er Ihren Mann segnet.

Natürlich gibt es Probleme, die so unüberwindlich scheinen, dass man sie unbedingt mit einer Person besprechen sollte, auf deren Verschwiegenheit man sich verlassen kann. Ich habe viel zu oft mit ansehen müssen, wie ein Ehepaar sich getrennt hat, weil beide Partner zu stolz oder zu ängstlich waren, um sich jemandem anzuvertrauen. Stattdessen gaben sie die ganze Zeit vor, alles wäre in bester Ordnung, bis die Ehe dann mit einem Schlag in die Brüche ging. Bitten Sie Ihre Gebetspartnerinnen, alle Ihre Gebetsanliegen streng vertraulich zu behandeln, doch üben Sie sich keinesfalls in falscher Zurückhaltung! Ihre Ehe ist jede Anstrengung wert, und falls Ihre Gebetspartnerinnen nicht über die nötige Diskretion verfügen, dann suchen Sie nach anderen Frauen, die genügend Weisheit, Einfühlungsvermögen und geistliche Reife besitzen.

Aber sogar ohne Gebetspartnerinnen oder einen Ehemann, der Sie im Gebet unterstützt, werden Sie bald merken, dass sich etwas verändert. Gott wird Sie schon deshalb segnen, weil Sie sich im Gebet an ihn wenden, und noch bevor er Ihre Gebete erhört hat, werden Sie bereits eine neue Freude spüren! Wenn Sie viel Zeit in Gottes Gegenwart verbringen, werden Sie die positiven Auswirkungen in Ihrem Leben feststellen können, denn in der Gegenwart Gottes findet jede bleibende Veränderung ihren Anfang.

Ein Gebet nach dem anderen

Lassen Sie sich nicht abschrecken, wenn Ihnen bewusst wird, wie umfangreich und zeitaufwendig die Fürbitte für Ihren Mann werden kann. Sie brauchen nicht am ersten Tag, in der ersten Woche oder während des ersten Monats für jeden einzelnen Bereich seines Lebens zu beten. Die Vorschläge in diesem Buch sollen eine Hilfe sein, die Sie gebrauchen sollten, wie der Heilige Geist Sie führt. Falls Sie mit sehr hartnäckigen Problemen kämpfen und auf einen großen Durchbruch hoffen, können Sie Ihre Gebete durch Fasten verstärken. Darüber hinaus werden Sie staunen, welche positiven Auswirkungen es hat, wenn Sie bestimmte Bibelverse ganz bewusst im Hinblick auf Ihren Mann sprechen. In den Gebeten am Ende jedes Kapitels habe ich die angegebenen Schriftstellen ausdrücklich in meine Fürbitte mit einbezogen. Am besten ersetzen Sie die Worte »mein Mann« in den Gebeten durch den Namen Ihres Mannes, um das Gebet zu Ihrem eigenen zu machen.

Es ist sehr wichtig, dass Sie nicht die Geduld verlieren, denn es kann eine ganze Weile dauern, bis Sie eine Gebetserhörung erleben — vor allem dann, wenn Ihre Ehe großer Belastung ausgesetzt ist und Sie beide tief verletzt sind. Versuchen Sie durchzuhalten und auf Gottes Eingreifen zu warten. Rufen Sie sich immer wieder ins Gedächtnis, dass Sie beide schwache Menschen sind. Nur Gott allein ist vollkommen, und an ihn dürfen Sie sich mit allen Ihren Anliegen und Wünschen wenden. Dann brauchen Sie sich nicht mehr darum zu kümmern, *wie* Gott diese Dinge zustande bringt, weil Ihre Verantwortung mit dem Gebet endet. Gott hat die Macht, Ihre Gebete zu erhören, und Sie dürfen sich ihm mit Haut und Haaren anvertrauen.

KAPITEL 1

Seine Frau

Außer der Zeit, die Sie investieren müssen, ist noch eine andere Voraussetzung nötig, damit die Fürbitte für Ihren Mann Erfolg hat. Gott kann Ihre Gebete nur erhören, wenn Sie ein reines Herz haben, und deshalb fängt die Fürbitte für Ihren Mann bei seiner Frau an. Falls in Ihrem Herzen Bitterkeit, Groll, Zorn oder andere negative Gefühle schwelen, werden Sie lange warten müssen, bis die gewünschten Veränderungen stattfinden. Doch sobald Sie aufrichtig zu Gott kommen und ihn bitten, diese falschen Emotionen wegzunehmen, wird Ihre Fürbitte zu einer Geheimwaffe, die ungeahnte Kräfte freisetzt. Leider sabotieren viele Frauen ihre eigenen Gebete von vornherein, indem sie Gott nicht zuerst um ein reines Herz und die richtige Einstellung bitten. Es dauerte eine ganze Weile, bis ich dieses Prinzip begriffen hatte.

Mein Lieblingsgebet

Zwar würde ich gerne von mir behaupten, dass ich vom Anfang meiner Ehe bis heute regelmäßig für meinen Mann gebetet habe, doch leider war das nicht der Fall. Obgleich ich mich immer wieder an Gott wandte, ähnelten meine Gebete keineswegs jener Art von Fürbitte, die ich in diesem Buch empfehle. Ich beschränkte mich stattdessen auf einige wenige Stoßgebete wie: »Bewahre ihn, Herr« oder »Rette unsere Ehe«. Mein Lieblingsgebet umfasste nur drei Worte und lautete: »Verändere ihn, Herr!«

Als Michael und ich heirateten, war ich noch nicht sehr lange Christin, und da meine Vergangenheit von vielen schrecklichen Erlebnissen geprägt war, musste ich zunächst einmal begreifen, dass ich durch Gottes Kraft vollständig befreit und geheilt werden konnte. Damals hielt ich meinen Mann für nahezu vollkommen und seine wenigen Schwächen erschienen mir der Ausdruck seiner dynamischen Persönlichkeit zu sein. Mit der Zeit drängten sich diese Schwächen jedoch in den Vordergrund und begannen mich zu irritieren, und anstatt ihn weiterhin für vollkommen zu halten, ging mir Michaels Perfektionismus auf die Nerven. Ich kam zu dem Schluss, dass Michael sich an diesen Punkten ändern müsse und dann wäre alles in Ordnung.

Es dauerte einige Jahre, bis ich begriff, dass mein Mann sich niemals so verändern würde, wie ich es mir vorstellte. Und noch ein paar Jahre später war mir klar geworden, dass ich Michael überhaupt nicht dazu bringen konnte, sich in irgendeinem Punkt zu ändern. Erst, als ich mit meinen Wünschen und Anliegen zu Gott kam, trat langsam eine Wandlung ein, und nicht einmal dann liefen die Dinge so ab, wie ich es mir gedacht hatte. Anstatt sich sofort meinen Mann vorzunehmen, arbeitete Gott zunächst einmal an mir. *Ich* war diejenige, die sich allmählich veränderte, denn mein eigenes Herz musste gereinigt, geformt und nach Gottes Maßstäben umgewandelt werden, bevor Gott die erste Veränderung an meinem Mann geschehen ließ. Zuerst einmal musste *ich* lernen, die Dinge von Gottes Standpunkt aus zu betrachten und meine eigene Haltung zu korrigieren.

Schließlich wurde mir immer deutlicher bewusst, dass es unmöglich war, intensive Fürbitte für meinen Mann zu leisten, bevor ich mein eigenes Herz ganz genau unter die Lupe genommen hatte. Ich konnte mich nicht an Gott wenden und von ihm erwarten, dass er meine Gebete erhört, solange ich noch Bitterkeit oder Groll in meinem Herzen duldete. Wenn ich wieder einmal mein Lieblingsgebet äußerte, wusste ich eigentlich ganz genau, dass Gott diese Worte umformulieren und von mir die Bitte hören wollte: »Verändere *mich*, Herr.«

Wie bitte? Ich soll mich ändern?

Sagen Sie später nicht, ich hätte Sie nicht gewarnt! Falls Sie sich nämlich darauf einlassen, intensiv und regelmäßig für Ihren Mann zu beten, werden die Veränderungen nicht auf sich warten lassen. Allerdings werden die ersten sichtbaren Wandlungen nicht an Ihrem Mann stattfinden, sondern an Ihnen selbst. Falls Sie über diese Tatsache genauso empört sind, wie ich es damals war, werden Sie jetzt einwenden: »Einen Moment mal! *Ich* bin doch nicht diejenige, die sich ändern muss!« Aber Gott blickt tiefer als wir und weiß genau, in welchen Bereichen wir an uns arbeiten müssen. Er braucht nicht lange zu suchen, bis er Einstellungen und Gewohnheiten entdeckt, die nicht seinem Willen entsprechen. Da jede Sünde uns von Gott trennt und unseren Gebetserhörungen Steine in den Weg legt, sollen wir nicht einmal in Gedanken sündigen. In Psalm 66,18 erklärt der Verfasser eines Dankliedes: »Hätte ich Böses im Sinn gehabt, so hätte der Herr mich nicht gehört.« Gott möchte, dass unsere Herzenshaltung stimmt, damit er unsere Gebete uneingeschränkt beantworten kann.

Diese Voraussetzung kommt Ihnen wahrscheinlich besonders hart vor, wenn Sie das Gefühl haben, dass Ihr Mann Sie unfreundlich, respektlos oder gleichgültig behandelt hat. Womöglich hat er Sie sogar verlassen, hintergangen oder misshandelt. Doch in Gottes Augen wiegen Unversöhnlichkeit, Zorn, Hass, Selbstmitleid, Lieblosigkeit und Rachsucht genauso schwer wie jene schlimmen Verfehlungen. Bekennen Sie Gott daher alle Ihre Sünden und bitten Sie ihn, Ihre falsche Einstellung zu korrigieren. Eines der größten Geschenke, die Sie Ihrem Mann machen können, ist Ihre eigene seelische Gesundheit. Falls Sie sich zum Ziel gesetzt haben, dass Ihr Mann sich verändern soll, dann erreichen Sie dieses Ziel vermutlich am ehesten, indem Sie zunächst an sich selber arbeiten.

Glauben Sie nur nicht, dass mir dieser Prozess leicht gefallen wäre! Sobald Michael und ich wieder einmal einen toten Punkt erreicht hatten, spielte sich zwischen Gott und mir ungefähr folgende Unterhaltung ab:

»Siehst du, wie unmöglich er ist, Herr?«

»Siehst du, wie du selber bist?«

»Willst du damit etwa behaupten, dass es Dinge gibt, die du an mir verändern willst?«

»Ja, und zwar einige. Soll ich sie dir aufzählen?«

»Okay, wenn es sein muss.«

»Sag mir Bescheid, wenn du sie wirklich hören willst.«

»Aber warum soll gerade ich mich ändern, Herr? *Er* ist doch derjenige, der es am nötigsten hätte!«

»Es geht nicht darum, wer es am nötigsten hat, sondern wer tatsächlich dazu bereit ist.«

»Das ist einfach nicht fair, Gott!«

»Ich habe nie behauptet, dass das Leben fair ist, doch du kannst dich darauf verlassen, dass *ich* gerecht bin.«

»Aber ich . . .«

»Einer muss den Anfang machen.«

»Schon, aber . . .«

»Wie viel liegt dir daran, dass deine Ehe funktioniert?«

»Sehr viel, denn eine Trennung oder Scheidung kommt für mich nicht in Frage.«

»Dann kann ich nur wiederholen, was ich gesagt habe: Du musst bereit sein, dich zu ändern.«

»Kannst du mir die richtige Einstellung dazu schenken, Herr?«

»Das hängt allein von dir ab.«

»Muss ich für meinen Mann beten, obwohl er nicht für mich betet?«

»Ja!«

»Aber das ist einfach nicht . . . okay, okay, ich habe es kapiert: Das Leben ist nicht fair, sondern *du* bist gerecht.«

(Wortloses Kopfnicken)

»Also gut, ich gebe auf. Du hast gewonnen. Allerdings befürchte ich, dass das eine sehr schmerzhafte Angelegenheit werden wird. Ich bringe diesen Satz beinahe nicht über meine Lippen: Ver . . . verändere . . . *(tiefer Atemzug)* verändere mich, Herr.«

Natürlich wird es Sie schmerzen, Ihre eigenen Wünsche aufzugeben und das zu tun, was Gott von Ihnen verlangt. Und es fällt Ihnen vermutlich noch schwerer, wenn Sie fest davon überzeugt sind, dass Ihr Partner diese Veränderungen viel nötiger hätte als

Sie. Doch die Schmerzen, die Sie durchmachen, könnte man mit Geburtswehen vergleichen, da sie dazu beitragen, dass schließlich neues Leben entsteht. Die andere Alternative tut genauso weh und führt letztendlich den Tod eines Traumes, einer Beziehung und einer Familie herbei.

Gott ist in der Lage, die zerrüttetste Ehe wieder zum Leben zu erwecken, doch wir müssen uns auf seine Bedingungen einlassen. Zuerst müssen wir uns vor ihm demütigen und bereit sein, seinen Geboten zu gehorchen. Dazu gehört, dass wir unseren Ehemann lieben, ihm vergeben und seine Wünsche über unsere eigenen stellen. Wir müssen die Vergangenheit mit allen ihren Verletzungen loslassen und uns dazu entschließen, bei künftigen Auseinandersetzungen nachzugeben, anstatt auf unserem Recht zu beharren. Damit will ich allerdings nicht sagen, dass Sie Ihre eigene Persönlichkeit, Ihre Gefühle oder Gedanken aufgeben und wie eine Marionette nach jeder Laune Ihres Mannes tanzen sollen. So etwas erwartet Gott keineswegs von Ihnen. (Falls Ihnen in Ihrer Ehe körperlicher oder seelischer Schaden zugefügt wird, sollten Sie unbedingt die Initiative ergreifen und jemanden um Hilfe bitten. Sie können während einer vorübergehenden Trennung für Ihren Mann beten, bis er seine Probleme mit Hilfe eines Seelsorgers bewältigt hat.)

Echte Unterordnung ist eine Herzenshaltung und keine Pflicht, die man erzwingen kann. Jesus hat gesagt: »Wer sein Leben festhalten will, wird es verlieren. Wer es aber um meinetwillen verliert, wird es gewinnen« (Matthäus 10,39). Diese Entscheidung können nur Sie selbst treffen, und niemand sonst kann Sie Ihnen abnehmen. Irgendwann sollten Sie jedoch an den Punkt kommen, an dem Sie von ganzem Herzen sagen können: »Herr, ich will alles tun, was du von mir verlangst. Zeig mir, was du von mir erwartest, und verändere mich.«

Gebet erzeugt Liebe

Sobald wir für eine andere Person beten, geschieht in uns selbst eine erstaunliche Veränderung. Plötzlich schmilzt die Härte und

Bitterkeit in unserem Herzen und wir können Verletzungen vergeben und vergessen. Bald stellen wir sogar fest, dass wir die Person lieben können, für die wir im Gebet eintreten! Dieses Wunder ist nur möglich, weil wir uns im Gebet in die Gegenwart Gottes begeben und er uns mit dem Geist seiner Liebe erfüllt. Wenn Sie für Ihren Mann beten, wird in Ihnen eine Liebe wachsen, die von Gott selbst stammt. Gleichzeitig werden Sie merken, dass die Liebe Ihres Mannes zunimmt, auch wenn er nicht einmal weiß, dass Sie für ihn beten. Der Grund dafür ist, dass das Gebet eine ganz besondere Form der Kommunikation darstellt, die über unseren menschlichen Verstand hinausgeht. Ich kenne Frauen, die überhaupt keine Liebe mehr für ihren Mann hegten, als sie begannen, für ihn zu beten. Manchmal änderten sich ihre Empfindungen schon nach der ersten aufrichtigen Fürbitte und in den anderen Fällen geschah diese Wandlung ganz allmählich.

Mit Gott über Ihren Ehemann zu sprechen ist ein Akt der Liebe. Das Gebet lässt in Ihrem Herzen die Liebe wachsen, die Liebe ermutigt Sie zu weiteren Gebeten, welche wiederum Ihre Liebe verstärken. Auch wenn Ihre Motive zunächst nicht völlig selbstlos sind, werden Ihre Gebete mit der Zeit immer uneigennütziger werden. Außerdem werden Sie feststellen, dass Sie sich im Umgang mit Ihrem Mann liebevoller verhalten als früher und seltener mit ihm streiten. Plötzlich können Sie sich mit ihm einigen, ohne erbittert um Ihr Recht kämpfen zu müssen.

Dieser Zusammenhalt ist für Ihre Ehe lebenswichtig, denn falls Sie nicht zueinander halten, bricht irgendwann alles auseinander. Jesus hat gesagt: »Jeder Staat, dessen Machthaber einander befehden, muss untergehen, und keine Stadt oder Familie, in der die Leute miteinander im Streit liegen, kann bestehen« (Matthäus 12,25). Auch wenn Sie nicht gemeinsam mit Ihrem Partner beten, sorgt das Gebet für eine ganz neue Einheit zwischen Ihnen. Als ich für Michael betete, konnte ich beobachten, wie durch diese Fürbitte starke Spannungen abgebaut wurden, die zwischen uns geherrscht hatten. Indem ich meinen Mann frage: »Wie kann ich für dich beten?«, kann ich außerdem zum Ausdruck bringen, dass ich ihn liebe und mich um sein Wohlergehen kümmere. Obwohl

Michael manche Dinge lieber für sich behält, lockt ihn diese Frage aus seinem Schneckenhaus und er erzählt mir ausführlich, was ihn gerade beschäftigt. Ich kenne sogar Ehemänner, die noch keine Christen sind und die sich trotzdem freuen, wenn ihre Frau sie auf diese Weise unterstützt.

Im Grunde genommen geht es darum, dass ein Ehepaar keine getrennten Wege einschlagen, sondern gemeinsam in dieselbe Richtung marschieren sollte. Zwei Menschen, die sich gegenseitig ergänzen, sollten ihr Leben lang zusammenbleiben und eine unverbrüchliche Liebe zueinander hegen. Da das Gebet eine tiefe und dauerhafte Liebe erzeugt, können wir uns diese bleibende Einheit zum Ziel setzen.

Aber ich kann ihn noch nicht einmal leiden — wie soll ich da für ihn beten?

Sind Sie jemals schon so wütend auf Ihren Mann gewesen, dass es Ihnen undenkbar vorkam, auch noch für ihn zu beten? Mir ging es ganz genauso. Es ist sehr schwer, für einen Menschen Fürbitte zu leisten, der uns verletzt hat, doch genau das verlangt Gott von uns. Wenn er uns schon dazu auffordert, für unsere *Feinde* zu beten, wie viel mehr sollten wir dann für die Person im Gebet eintreten, mit der wir eins geworden sind und die wir von Herzen lieben sollten? Doch wie schaffen wir es, unsere Bitterkeit und unsere kritische Einstellung loszuwerden?

Zunächst einmal müssen wir Gott gegenüber völlig aufrichtig sein. Damit er alle Barrieren, Hindernisse und unsichtbaren Mauern in unserem Herzen niederreißen kann, müssen wir ihm ganz ehrlich sagen, was wir empfinden. Vor ihm brauchen wir nichts zu beschönigen, da er die Wahrheit ja bereits kennt. Gott möchte nur sehen, ob wir unsere unversöhnliche Haltung zugeben und als Sünde bekennen. Sobald wir das tun, kann Gott anfangen, an uns zu arbeiten.

Wenn Sie wütend auf Ihren Mann sind, dann sagen Sie es Gott laut und deutlich. Lassen Sie nicht zu, dass dieser Groll zu einem Krebsgeschwür wird, das sich mit jedem Tag weiter ausbreitet.

Denken Sie nicht: »Ich werde mein Leben leben und er soll machen, was er will«, denn diese Unabhängigkeit fordert einen hohen Preis. In 1. Korinther 11,11 erklärt Paulus: »Vor dem Herrn gibt es jedoch die Frau nicht ohne den Mann und den Mann nicht ohne die Frau.«

Stattdessen sollten Sie zu Gott sagen: »Herr, eigentlich will ich gar nicht für meinen Mann beten. Ich bekenne dir meinen Zorn, meine Bitterkeit und meine Enttäuschung und bitte dich um Vergebung. Bitte schenke mir ein reines Herz, das dir gefällt. Verändere meine Einstellung zu meinem Mann, damit ich ihn liebevoll, freundlich und rücksichtsvoll behandeln kann. Zeig ihm durch deinen Heiligen Geist, wo er sich schuldig gemacht hat, und führe ihn zu einer echten Umkehr. Erlöse ihn von den Dingen, die ihn gefangen halten, und bewahre mich davor, mich aus Bitterkeit in mein Schneckenhaus zurückzuziehen. Bitte gib uns den Mut, uns gegenseitig um Verzeihung zu bitten, und offenbare uns die verborgenen Beweggründe für unser Handeln. Kläre die Missverständnisse, die sich zwischen uns zu einer Mauer des Schweigens aufgetürmt haben, und gib uns die Kraft, falsche Verhaltensweisen und schlechte Gewohnheiten zu ändern. Obwohl ich am liebsten an meinem Groll festhalten würde, weil ich davon überzeugt bin, dass er gerechtfertigt ist, möchte ich das tun, was du von mir verlangst. Ich übergebe dir alle meine negativen Gefühle und bitte dich, mich mit einer ganz neuen Liebe zu erfüllen. Bitte wache über allem, was ich sage, damit meine Worte dazu beitragen, die Spannungen zwischen uns abzubauen und unsere Wunden zu heilen.«

Falls Sie sich dazu in der Lage fühlen, dann machen Sie doch ein kleines Experiment und warten Sie ab, was geschieht. Beten Sie einen Monat lang täglich für Ihren Mann und gehen Sie dabei die verschiedenen Bereiche, die ich in diesem Buch beschrieben habe, nacheinander durch. Nehmen Sie sich jeden Tag ein neues Kapitel vor und beten Sie ganz gezielt für Ihren Mann. Bitten Sie Gott, seinen Segen über ihm auszuschütten und Sie beide mit göttlicher Liebe zu erfüllen. Es wird nicht lange dauern, bis die Bitterkeit in Ihrem Herzen einer neuen Wärme weicht. Gleichzeitig wird sich auch das Verhalten Ihres Mannes ändern und Ihre Beziehung wird viel harmonischer werden. Falls es Ihnen trotzdem schwer fällt, sich zu dieser intensiven Fürbitte für Ihren Mann zu verpflichten, dann versuchen Sie einmal, ihn mit Gottes Augen zu betrachten. Wenn Sie ihn aus Gottes Perspektive sehen — nicht nur als Ihren Ehemann, sondern als Kind Gottes, das von Gott geliebt wird —, erscheint Ihnen die Situation, in der Sie stecken, plötzlich in einem ganz anderen Licht. Vermutlich wären Sie gerne bereit, für den Sohn oder die Tochter einer Bekannten zu beten, falls diese Sie darum bitten würde, oder nicht? Nun, Gott fordert Sie auf, für *seinen* Sohn zu beten.

»Sei still und bete!«

In der Bibel steht, dass alles, was auf der Erde geschieht, seine von Gott bestimmte Zeit hat (Prediger 3,1). Diese Aussage trifft vor allem auf die Ehe zu und gilt ganz besonders für die Worte, die wir sprechen. Reden hat seine Zeit und Schweigen hat seine Zeit, und ein Mann kann sich glücklich schätzen, wenn seine Frau diese beiden Dinge auseinander halten kann. Jeder, der schon eine Weile verheiratet ist, weiß, dass es Worte gibt, die man besser ungesagt lässt. Wir können unseren Ehepartner schlimmer verletzen als irgendjemand sonst, und umgekehrt kann er uns tiefer treffen als alle anderen Menschen. Sobald man die bösen Worte einmal ausgesprochen hat, kann man sie nicht mehr zurücknehmen, sondern kann den anderen nur noch um Verzeihung bitten. Auch wenn unser Partner uns vergibt, fällt es ihm womöglich sehr schwer, das zu vergessen, was wir gesagt haben. Es gibt sogar Momente, in denen alles, was wir sagen könnten, den Heiligen Geist am Wirken hindert, und deshalb sollten wir manchmal einfach den Mund halten und beten.

Zu Beginn meiner Ehe sprach ich selten aus, was ich dachte, und behielt meine Gefühle gewöhnlich für mich. Nachdem wir unser erstes Kind bekommen hatten, wurde ich immer offener. Doch je häufiger ich meine Meinung äußerte, umso nachdrücklicher vertrat Michael seine eigene Ansicht und wir stritten uns immer öfter. Obwohl ich mir große Mühe gab, meinen Standpunkt zu verteidigen, hatte ich keinen Erfolg, sondern erreichte genau das Gegenteil von dem, was ich beabsichtigt hatte. Es dauerte mehrere Jahre, bis ich begriff, was unzählige Frauen schon vor mir einsehen mussten: Nörgeln hat keinen Zweck! Im Grunde genommen nützt alles Kritisieren nichts, und manchmal hilft noch nicht einmal ein ganz vernünftiges Gespräch. Schließlich stellte ich fest, dass das Gebet das einzige Mittel ist, das *immer* funktioniert. Das Gute daran ist, dass wir einen Umweg über Gott machen müssen, um unser Ziel zu erreichen. So kommen wir selbst nicht ungeschoren davon, falls wir eine negative Einstellung haben oder uns von den falschen Beweggründen leiten lassen. Sobald wir uns nämlich im Gebet an Gott wenden, zeigt er uns, ob unsere Gedanken im Einklang mit seinem Willen stehen oder nicht.

Michael hat die Angewohnheit, nur das zu tun, was er wirklich tun möchte. Falls er aus irgendeinem Grund doch etwas unternimmt, das ihm völlig gegen den Strich geht, müssen seine engsten Familienangehörigen darunter leiden. Daher habe ich gelernt, die Dinge, die mir sehr am Herzen liegen, zunächst einmal im Gebet vor Gott zu bringen. Ich bete so lange, bis ich einen inneren Frieden spüre, und dann unterbreite ich Michael meinen Vorschlag. Während ich noch dafür bete, verändert Gott manchmal mein eigenes Herz oder zeigt mir einen anderen Weg, so dass ich meinen Mann schließlich gar nicht um diese Sache bitten muss. Falls ich ihn aber tatsächlich anspreche, platze ich nicht einfach mit meinem Anliegen heraus, sondern bitte Gott um seine Führung.

Allerdings dauerte es seine Zeit, bis ich dieses Prinzip verstanden hatte. Eines Tages stieß ich beim Bibellesen auf den Vers: »Lieber in der Wüste leben als zusammen mit einer zänkischen Frau, die dir auf die Nerven geht« (Sprüche 21,19), und aus einem unerklärlichen Grund fühlte ich mich angesprochen!

Sofort begann ich mich zu verteidigen und sagte: »Aber Herr, wie steht es denn damit: ›Liebe, die offen tadelt, ist besser als eine, die ängstlich schweigt‹ (Sprüche 27,5)? Müssen Ehefrauen ihre Ehemänner nicht darauf hinweisen, wenn sie einen Fehler machen?«

Gottes Antwort war: »›Alles, was auf der Erde geschieht, hat seine von Gott bestimmte Zeit: . . . schweigen und reden‹ (Prediger 3,1+7). Das Problem ist, dass du nicht weißt, wann du schweigen und wann du reden sollst, und wenn du etwas sagst, geschieht es nicht aus Liebe.«

»Also gut, Herr«, gab ich mich geschlagen, »dann zeig mir bitte, wann ich reden und wann ich lieber den Mund halten und beten soll.«

Die erste Gelegenheit ließ nicht lange auf sich warten. Ich hatte bei mir zu Hause einen wöchentlichen Frauengebetskreis begonnen und war begeistert über die Veränderungen, die wir aufgrund unserer Gebete erlebt hatten. Deshalb schlug ich meinem Mann vor, er solle doch einen ähnlichen Gebetskreis für Männer gründen. Leider wollte er überhaupt nichts davon wissen. »Ich habe keine Zeit«, lautete seine ungeduldige Antwort.

Je mehr ich über dieses Thema redete, desto gereizter reagierte er. Da Gott mich angewiesen hatte, meinen Mund zu halten und zu beten, beschloss ich, es einmal mit dieser Methode zu versuchen. Ich erwähnte meinen Vorschlag nicht mehr und begann stattdessen, für dieses Anliegen zu beten. Außerdem bat ich die Frauen aus meinem Gebetskreis, mich im Gebet zu unterstützen. Nach über zwei Jahren kündigte Michael eines Tages ganz unvermittelt an, dass er einen wöchentlichen Gebetskreis für Männer organisieren wolle. Seit jenem Zeitpunkt besteht dieser Gebetskreis, und mein Mann weiß bis heute noch nicht, dass ich dafür gebetet habe. Zwar hat es viel länger gedauert, als ich es mir gewünscht hätte, doch am Ende hat Gott meine Gebete tatsächlich erhört. Und während ich dafür betete, besaß ich einen inneren Frieden, der mir sicher gefehlt hätte, wenn ich an Michael herumgenörgelt hätte.

Königin Ester betete, fastete und bat Gott, ihr den richtigen Augenblick zu zeigen, bevor sie sich mit einem äußerst wichtigen Anliegen an ihren Mann, den König, wandte. Da sie wusste, wie viel auf dem Spiel stand, rannte sie nicht etwa in den Audienzsaal und schrie: »Deine verrückten Freunde wollen unser Leben ruinieren!« Stattdessen betete und fastete sie und ließ zunächst einmal ein gutes Essen für ihren Mann zubereiten. Während sie ihn liebevoll bediente, konnte Gott am Herz des Königs arbeiten und machte ihn empfänglich für ihren Wunsch. Gott möchte uns die passenden Worte geben und uns außerdem den richtigen Zeitpunkt dafür zeigen — wir brauchen ihn nur darum zu bitten!

Ich kenne Leute, die unter dem Vorwand, ehrlich zu sein, mit ihrem Gerede schrecklichen Schaden anrichten. In der Bibel heißt es jedoch: »Der Dummkopf gibt jedem Ärger freien Lauf; der Weise kann sich beherrschen« (Sprüche 29,11). Das bedeutet also, man soll nicht alles aussprechen, was einem auf der Zunge liegt. Wir können durchaus aufrichtig sein, ohne alles zu sagen, was wir denken, denn es gibt viele Dinge, die andere Menschen verletzen würden. Natürlich müssen wir ehrlich zu unserem Partner sein, aber wir brauchen ihn sicher nicht auf jede kleine Schwäche hinzuweisen. Zudem haben wir gar nicht die richtige Perspektive, um unseren Mann gerecht zu beurteilen, weil nur Gott alle Aspekte unserer Probleme kennt. Er lässt sich von den störenden Angewohnheiten unseres Ehepartners nicht so schnell aus der Ruhe bringen wie wir, sondern beurteilt ihn vollkommen gerecht. Deshalb darf es nicht unser Ziel sein, unseren Ehepartner nach unseren eigenen Vorstellungen umzumodeln, sondern wir müssen ihn ganz bewusst Gott anvertrauen. Dann kann Gott sein Geschöpf so verändern, wie *er* es will.

Ziehen Sie eine klare Linie zwischen den Dingen, die eindeutig falsch oder richtig sind, und Ihrer eigenen Meinung. Falls man eine Angelegenheit von mehreren Seiten betrachten kann, behalten Sie Ihre Meinung zunächst einmal für sich. Wenn Sie für diese Sache gebetet haben und einen Impuls des Heiligen Geistes spüren, reden Sie mit Ihrem Mann ganz sachlich darüber. Die Bibel fordert uns auf: »Überlege, bevor du Gott etwas sagst. Sprich nicht alle Gedanken aus, die dir kommen. Denn Gott ist im Himmel, und du bist auf der Erde; darum rede nicht mehr als nötig« (Prediger 5,1). Manchmal sollten wir einfach zuhören, anstatt sofort einen Ratschlag zu erteilen, und viel häufiger, als wir glauben, braucht unser Partner bloß unsere Unterstützung.

Natürlich will ich damit auf keinen Fall sagen, dass Sie nie den Mund aufmachen und alles kommentarlos akzeptieren sollen, was Ihr Mann Ihnen vorschlägt. Selbstverständlich müssen Sie ihm aufrichtig sagen, wie Sie über eine Sache denken — vor allem, wenn es sich um eine Entscheidung handelt, die große Auswirkungen auf Ihre Zukunft haben wird. Bringen Sie Ihre Gedanken und Gefühle klar und deutlich zum Ausdruck, doch verzichten Sie anschließend darauf, diesen Punkt immer wieder anzusprechen.

Falls Sie Ihrem Mann etwas sagen müssen, das er nicht gerne hören wird, dann bitten Sie Gott vorher um Weisheit, damit er Ihnen den richtigen Zeitpunkt dafür zeigt. Lassen Sie sich von Gott die richtigen Worte schenken und bitten Sie ihn, dass er Ihren Mann für Ihre Vorschläge öffnet. Ich weiß, dass das sehr schwierig sein kann, wenn einem ein paar deftige Sätze auf der Zunge liegen, die man kaum noch zurückhalten kann. Doch so hart es Ihnen auch erscheinen mag — es ist trotzdem besser, *vorher* mit Gott darüber zu sprechen. Auf diese Weise kann er Ihren Worten den Stachel nehmen und Ihre Kritik mildern. Falls Sie mit Ihrem Partner nur noch das Nötigste reden, weil jedes Wort wehtut, gilt dies ganz besonders.

Ich wünschte, ich hätte viel früher gelernt, zuerst zu beten und dann zu reden. Viel zu häufig wurde Michael durch meine Worte in die Defensive getrieben und gab schroffe Antworten. Er fasste meine Anregungen so auf, als wollte ich ihn unter Druck setzen, obwohl ich nur sein Bestes im Sinn hatte. Gott selbst musste ihm zeigen, was gut für ihn war.

Wenn wir unser Leben nicht mehr selbst meistern, sondern uns auf die Kraft Gottes verlassen, brauchen wir nicht mit Worten um Macht zu ringen. In 1. Korinther 4,20 steht: »Denn wo Gott seine Herrschaft aufrichtet, tut er das nicht durch Gerede, sondern durch den Erweis seiner Kraft.« Es kommt also nicht darauf an, *was* wir sagen, sondern ob hinter unseren Worten die Kraft Gottes steckt. Sie werden erstaunt sein, wie viel Anklang Ihre Vorschläge finden, nachdem Sie mit Gott über diese Angelegenheit gesprochen haben. Noch erstaunlicher ist das Ergebnis, wenn Sie tatsächlich den Mund halten und Gott die Initiative überlassen.

Und was ist, wenn mein Mann noch kein Christ ist?

Vermutlich haben Sie selbst schon gemerkt, dass es wenig Zweck hat, mit Ihrem Mann über Gott zu reden, wenn er für dieses Thema kein Interesse zeigt. Selbstverständlich sollen Sie ihm sagen, was Sie glauben, doch falls er grundsätzlich gereizt oder gleichgültig reagiert, müssen Sie schweigen und für ihn beten. In 1. Petrus 3,1 empfiehlt Petrus: »Für euch Frauen gilt dieselbe Regel: Ihr müsst euch euren Männern unterordnen, damit die von ihnen, die das Wort nicht hören wollen, durch eure Lebensführung auch ohne Wort für den Glauben gewonnen werden.«

Gott redet von unsichtbaren Dingen so, als ob sie bereits sichtbar vor uns stünden. Genauso können Sie sagen: »Ich will mir nichts vormachen, aber ich möchte meine Wünsche für meinen Mann so formulieren, als ob sie schon in Erfüllung gegangen wären. Auch wenn er selber keinen Glauben hat, werde ich so beten, als ob er glauben würde.« Natürlich können Sie ihm Ihren Willen nicht aufzwingen, doch durch Ihre Fürbitte haben Sie Zugang zur Kraft Gottes und können einen Weg ebnen, damit Gott am Herzen Ihres Mannes wirken kann. Egal, wie lange es dauert, bis Ihr Mann sich bekehrt — die Zeit, die Sie im Gebet investieren, lohnt sich! Und solange Ihr Mann noch kein Christ ist, können Sie trotzdem die Ratschläge in diesem Buch befolgen und für die verschiedenen Bereiche seines Lebens beten. Sie werden erleben, dass Ihre Fürbitte einschneidende Auswirkungen hat.

Hegen Sie keine falschen Erwartungen

Kurz nach unserer Hochzeit rief Michael mich eines Tages von der Arbeit an und bat mich, gebratenes Hähnchen zum Abendessen zu machen. Ich kaufte die notwendigen Zutaten ein und gab mir viel Mühe beim Vorbereiten des Essens. Als mein Mann schließlich zur Tür hereinkam, sagte er zur Begrüßung: »Eigentlich habe ich doch keine Lust auf Geflügel, ich möchte lieber ein Schnitzel.« Ich brauche Ihnen wohl nicht zu erzählen, welche Gedanken mir da durch den Kopf gingen. Leider war dies kein Einzelfall, sondern ich erlebte dasselbe immer wieder. Unzählige Male versprach Michael, dass er zum Abendessen zu Hause sein würde. Zehn Minuten, nachdem das Essen auf dem Tisch stand, rief er dann plötzlich an und erklärte, er müsse länger arbeiten und werde mit seinen Kollegen später noch eine Kleinigkeit in einem Lokal essen. Allmählich begriff ich, dass es keinen Zweck hatte, jedes Mal ärgerlich oder verletzt zu reagieren, denn mein Zorn machte die Sache nur noch schlimmer. Wenn ich mich bei Michael beklagte, meinte er, ich brächte kein Verständnis für ihn auf. Daher kam ich zu dem Schluss, dass jeder von uns sich besser fühlen würde, wenn ich keine falschen Erwartungen mehr hegte. Von da an plante ich die Mahlzeiten so, als ob nur meine Kinder und ich am Essen teilnehmen würden. Falls Michael tatsächlich Zeit hatte, zum Essen nach Hause zu kommen, freuten wir uns natürlich, doch falls er es nicht schaffte, waren wir nicht enttäuscht.

Mit der Zeit habe ich gelernt, dass ich eine Enttäuschung am besten überwinden kann, indem ich mir die Stärken meines Mannes vor Augen halte. Bei solchen Gelegenheiten rufe ich mir ins Gedächtnis, dass Michael mir immer wieder im Haushalt hilft und beim Kochen zur Hand geht. Er ist ein treuer Ehemann und gibt mir keinen Anlass, an seiner Treue zu zweifeln. Als eifriger Christ liest er seine Bibel, geht zum Gottesdienst und besitzt hohe moralische Maßstäbe. Er liebt mich und unsere Kinder von ganzem Herzen und sorgt großzügig für seine Familie. Seine Talente und Begabungen setzt er so ein, dass Gott verherrlicht wird, und er bemüht sich, Gottes Willen zu tun. Es könnte mir also weitaus schlechter gehen, und deshalb werde ich mich nicht mehr beschweren, wenn Michael beim Abendessen nicht an unserem Tisch sitzt.

Falls ich einer jung verheirateten Ehefrau einen Rat geben könnte, würde ich ihr empfehlen, ihre Ehe nicht mit einer langen Liste voller Erwartungen zu beginnen. Wenn wir hohe Ansprüche an unseren Partner stellen, folgt fast immer eine herbe Enttäuschung, weil unser Mann diesen Erwartungen kaum entsprechen kann. Natürlich gibt es einige grundlegende Dinge, über die man sich vor der Hochzeit einigen sollte. Dabei denke ich an gegenseitige Treue und Aufrichtigkeit, Anstand und Moral, körperliche und emotionale Liebe sowie finanzielle Unterstützung und gebührenden Schutz. Falls Sie diese Dinge in Ihrer Ehe vermissen, können Sie Ihren Mann darauf ansprechen und ihn bitten, sein Verhalten zu ändern. Wenn das nichts nützen sollte, können Sie dafür beten, dass er sich ändert und Ihnen das gibt, was Sie brauchen. Doch sobald es sich um ganz spezielle Erwartungen und Wünsche handelt, dürfen Sie nicht von einer einzigen Person verlangen, dass sie alle Ihre Bedürfnisse erfüllt. Ihr Mann muss nicht dafür sorgen, dass alle Ihre Träume wahr werden, denn unter dieser Last würde er zusammenbrechen. Stattdessen sollen wir alle unsere Bedürfnisse und Wünsche zu Gott bringen und von ihm erwarten, dass er uns versorgt. Wenn wir wütend und verletzt reagieren, weil unser Partner nicht das tut, was wir uns vorgestellt haben, sind *wir* diejenigen, die im Unrecht sind. Die größten Probleme in meiner Ehe entstanden dadurch, dass meine persönlichen Erwartungen nicht mit der Realität übereinstimmten.

Lösen Sie sich von so vielen Erwartungen wie möglich. Solange Sie ständig versuchen, Ihren Mann nach Ihren eigenen Vorstellungen umzumodeln, werden Sie immer wieder enttäuscht werden. Und Ihr Mann wird irgendwann sehr frustriert sein, falls er sich Ihnen zuliebe diesen Vorstellungen anpassen will. Wenden Sie sich stattdessen in allen Angelegenheiten an Gott und bitten Sie ihn, Sie beide zu verändern. Gott ist viel besser dafür geeignet als wir, denn »alles, was Gott tut, ist unabänderlich für alle Zeiten. Der Mensch kann nichts hinzufügen und nichts davon wegnehmen« (Prediger 3,14). Akzeptieren Sie Ihren Mann genauso, wie er ist, und beten Sie dafür, dass er in dem Maße wächst, wie Gott es möchte. Wenn dann eine Veränderung stattfindet, wird sie dauerhaft sein, weil Gott selbst sie gewirkt hat. »Immer wieder muss ich es mir sagen: Vertrau auf Gott, dann findest du Ruhe! Er allein gibt mir Hoffnung«, heißt es in Psalm 62,6. Richten Sie Ihre Erwartungen daher in erster Linie an Gott und nicht an Ihren Mann.

Mit der nötigen Achtung

Interessanterweise fordert Gott den Mann auf, seine Frau zu *lieben*, während er von der Frau verlangt, ihren Mann zu *achten.* »Es gilt aber auch für euch: Jeder von euch muss seine Frau so lieben wie sich selbst. Die Frau aber soll ihren Mann achten« (Epheser 5,33). Ich gehe jetzt einfach davon aus, dass eine Frau keinen Mann heiraten würde, den sie nicht liebt. Allerdings geschieht es viel zu häufig, dass sie die Achtung vor ihrem Mann verliert, nachdem die beiden eine Weile verheiratet sind. Anscheinend schwindet bei einer Frau zuerst die Achtung vor ihrem Partner, bevor ihre Liebe für ihn abnimmt. Mangelnde Achtung ist jedoch für einen Mann viel schwerer zu ertragen, als wir uns vorstellen. Auch wir selbst können die Konsequenzen zu spüren bekommen, falls wir unseren Mann nicht mehr respektieren. In 2. Samuel 6,16 wird erzählt, dass König David die Bundeslade nach Jerusalem holen ließ und voller Freude vor dem Herrn tanzte. Seine Frau Michal beobachtete ihn vom Fenster aus und fand es unpassend, dass David vor den Augen des ganzen Volkes nur einen Priesterschurz trug. Anstatt seine Freude zu teilen, verachtete sie ihn in ihrem Herzen und verspottete ihn. Für ihre kritische Haltung und ihren mangelnden Respekt bezahlte sie jedoch einen hohen Preis, denn Gott bestrafte sie mit Unfruchtbarkeit. Ich bin fest davon überzeugt, dass fehlende Achtung sowohl unsere Beziehung als auch unseren Partner zugrunde richten kann und in uns selbst jede Hoffnung auf ein neues Leben auslöscht.

In einem anderen Beispiel lehnte Königin Waschti es ab, dem Befehl des Königs zu folgen. Ihr Mann, König Xerxes, veranstaltete ein großes Fest und war in Partystimmung. Da er sich vor den Anwesenden mit seiner wunderschönen Gemahlin brüsten wollte, bat er Waschti, ihre Staatsgewänder anzulegen und vor seinen Gästen zu erscheinen. Waschti weigerte sich, obwohl sie genau wusste, dass sie den König dadurch vor seinen Freunden blamierte (Ester 1,12). Die Folge davon war, dass Waschti ihre Stellung als Königin verlor. Sie hatte nicht nur ihrem Mann Unrecht getan, sondern dem ganzen Volk ein schlechtes Beispiel gegeben. Falls wir unseren Platz im Herzen unseres Mannes nicht verlieren und unserer Familie nicht schaden wollen, dürfen wir unseren Mann auf keinen Fall demütigen — auch wenn wir glauben, dass er es verdient hat. Der Preis, den wir für dieses Verhalten bezahlen müssen, ist einfach zu hoch.

Falls es allerdings schon so weit gekommen ist und Sie Ihren Mann respektlos behandelt haben, dann bekennen Sie Gott Ihre falsche Haltung gleich jetzt. Sagen Sie: »Herr, ich bekenne dir, dass ich vor meinem Mann nicht die Achtung gezeigt habe, die du in deinem Wort von mir verlangst. Ich habe unsichtbare Mauern aufgebaut, um mich vor Verletzungen zu schützen, doch ich bin bereit, mich nicht länger dahinter zu verstecken. Bitte reiße du diese Mauern ein und heile jede Verletzung in meiner Seele. Ich weiß, dass mein Verhalten in deinen Augen Sünde ist, und ich bitte dich um Verzeihung. Bitte schenke mir die richtige Achtung vor meinem Mann und hilf mir, ihn von ganzem Herzen zu lieben. Befreie mich von jeder Bitterkeit und lass mich erkennen, wie *du* meinen Mann siehst.«

Dieses Gebet wird Sie innerlich freisetzen, so dass Sie die Stärken Ihres Mannes in einem ganz neuen Licht sehen können. Plötzlich werden Sie in der Lage sein, Ihren Mann zu ermutigen und positive Dinge auszusprechen, die Ihrer Ehe neues Leben einhauchen. Solange wir uns nur auf die negativen Seiten unseres Partners konzentrieren, schwindet unsere Liebe immer mehr dahin. Gleichzeitig wächst die Liebe jedoch in dem Maße, in dem wir uns die Stärken unseres Mannes vor Augen halten. Dazu benötigen wir die Fähigkeit, unseren Partner mit Gottes Augen zu sehen, denn es gibt immer wieder Zeiten, in denen wir seine Empfindungen und die Beweggründe für sein Handeln nicht nachvollziehen können. Doch wenn wir Gott darum bitten, schenkt er uns ein übernatürliches Einfühlungsvermögen, damit uns diese Schwierigkeiten nicht in eine Sackgasse führen.

Während Sie für sich selbst — die Ehefrau Ihres Mannes — beten, sollten Sie sich immer wieder ein bestimmtes Vorbild aus der Bibel ins Gedächtnis rufen. In Sprüche 31 wird uns eine tüchtige Frau beschrieben, die sich um ihr Haus kümmert und es in Ordnung hält. Sie besitzt einen guten Geschäftssinn und macht die richtigen Investitionen für die Zukunft. Sie achtet auf eine gesunde Ernährung und kleidet sich attraktiv. Ihre Fähigkeiten setzt sie zum Nutzen ihrer Familie ein und arbeitet unermüdlich. Sie ist großzügig, trifft die nötige Vorsorge für die Zukunft und trägt zum guten Ruf ihres Mannes bei. Vor dem Älterwerden hat sie keine Angst, denn sie ist stark, aufrichtig und überall geachtet. Ihre Worte sind freundlich und weise und sie weiß genau, was in ihrem Haus vor sich geht. Von ihrem Mann und ihren Kindern wird sie gelobt, doch sie verlässt sich nicht auf ihre Schönheit und Anmut, da sie weiß, dass Ehrfurcht vor Gott erst die wahre Schönheit zum Ausdruck bringt. Mit allen ihren Kräften unterstützt sie ihren Mann und ist erfolgreich in allem, was sie unternimmt.

Wenn wir diesen Abschnitt richtig lesen, merken wir: Es geht nicht darum, dass eine verheiratete Frau ausschließlich Hausfrau sein und keinen anderen Beruf ausüben sollte. Es geht vielmehr um unsere innere Einstellung, die unser ganzes Handeln beeinflusst. Kurz vor den Abgabeterminen meiner Bücher saß ich fast ununterbrochen am Computer, während Michael sich um die Kinder kümmerte und das Haus in Ordnung hielt. Seiner Stellung als Haupt der Familie tat das keinen Abbruch, denn er half mir freiwillig und unterstützte mich gern. Umgekehrt gab es Zeiten, in denen ich das Geld verdiente, damit er sich ausruhen konnte. Ich sprang ebenfalls gerne für ihn in die Bresche, ohne dass ich dadurch weniger Achtung für ihn gehabt hätte. Falls Sie genauso hart arbeiten wie Ihr Mann, um das nötige Geld zu verdienen, müssen Sie sich die Pflichten im Haushalt aufteilen. Sollte Ihr Mann damit nicht einverstanden sein, so kommt es ihn wesentlich billiger, für einige Stunden in der Woche eine Putzfrau zu engagieren, als einen Kuraufenthalt, einen Scheidungsrichter oder eine Beerdigung zu bezahlen. Bitten Sie Gott um Weisheit, damit Sie diese Dinge richtig regeln können. Manchmal wird es schwierig, auf diesem Gebiet die richtige Balance zu finden, und deshalb sollten wir dafür beten, dass jeder die Rolle ausfüllen kann, die Gott ihm zugedacht hat.

Für alle diese Entscheidungen ist entscheidend, dass wir uns nicht länger auf unsere eigenen Bemühungen verlassen, sondern Gott um die nötige Kraft bitten. In Sprüche 31,12 heißt es, dass ein Mann seiner Frau vertraut, weil sie ihm ihr ganzes Leben lang

Freude macht und ihn nie enttäuscht. Ich glaube, dass die größte Freude, die Sie Ihrem Mann machen können, darin besteht, intensiv für ihn zu beten. Fangen Sie doch einfach an!

Gebet

Herr, bitte hilf mir, eine gute Ehefrau zu sein, denn allein schaffe ich es einfach nicht. Bitte nimm meinen Egoismus, meine Ungeduld und meine Gereiztheit und verwandle sie in Freundlichkeit, Geduld und Selbstlosigkeit. Befreie mich von meinen schlechten Gewohnheiten, meinen automatischen Reaktionen und dem Zwang, mich ständig rechtfertigen und verteidigen zu müssen. Schenke mir stattdessen echte Selbstbeherrschung und ein liebevolles Wesen, damit ich meinen Mann und meine Familie aufbauen und ermutigen kann. Lass die Bitterkeit in meinem Herzen schmelzen und reiß die unsichtbaren Mauern ein, hinter die ich mich zurückgezogen habe. Gib mir ein neues Herz, in dem Liebe, Freude und Frieden regieren (Galater 5,22-23). Ich kann alle diese Veränderungen niemals mit meiner eigenen Kraft zustande bringen, doch ich weiß, dass dir nichts unmöglich ist.

Bitte zeig mir, bei welchen Gelegenheiten ich meinem Mann Unrecht getan habe, und vergib mir meine Schuld. Es tut mir Leid, dass ich so oft lieblos, kritisch, zornig, respektlos und bitter reagiert habe. Bitte hilf mir, meinen Groll, meine Verletzungen und meine Enttäuschung zu überwinden und meinem Mann so zu vergeben, wie du es tust. Anstatt mich auf die Vergangenheit zu konzentrieren, möchte ich dazu beitragen, dass Versöhnung, Heilung und Frieden in unserer Beziehung Einzug halten. Bitte bewahre uns vor einer Trennung, die zu einer Scheidung führen könnte, und befähige uns zu echter Kommunikation.

Mach mich zur Gehilfin, Partnerin und Freundin meines Mannes und hilf mir, unser Heim zu einem Ort der Geborgenheit zu machen, an dem er jederzeit aufatmen und auftanken kann. Zeig mir ganz praktisch, welche Schritte ich unternehmen muss, um für ihn attraktiv zu bleiben und meine Gesundheit nicht zu vernachlässigen. Mit deiner Hilfe möchte ich eine reife Persönlichkeit werden, die Zuversicht und Freude ausstrahlt und auf die mein Mann stolz sein kann.

Ich bringe alle meine Erwartungen und Wünsche vor dein Kreuz und löse meinen Mann von dem Anspruch, dass er meine Bedürfnisse erfüllen muss. Danke, dass *du* mein Versorger bist, der alle meine Bedürfnisse kennt. Bitte gib mir die Kraft, meinen Mann so anzunehmen, wie er ist. Mir ist klar, dass er sich auf manchen Gebieten vielleicht nie ändern wird, aber gleichzeitig weiß ich, dass du ihn in einer Weise verändern kannst, die ich mir nie hätte träumen lassen. Ich überlasse dir die Initiative und vertraue darauf, dass du ihn zum richtigen Zeitpunkt so umwandeln wirst, wie du es möchtest. Weder er noch ich sind vollkommen, doch da du vollkommen bist, wirst du uns in die richtige Richtung führen.

Bitte zeig mir ganz praktisch, wie ich für meinen Mann beten soll, und lass durch meine Gebete neue Liebe zwischen uns wachsen. Wo unsere Liebe bereits gestorben ist, da erweck du sie wieder zum Leben und verleih ihr eine neue Tiefe. Mach mir bewusst, wie ich meinen Mann selbstlos und bedingungslos lieben kann, ohne dass er mich missversteht. Schaffe zwischen uns eine echte Einheit, so dass wir in allen Dingen übereinstimmen (Amos 3,3). Bewirke du, der du uns Geduld und Mut schenkst, dass wir in der gleichen Gesinnung miteinander verbunden sind, so wie es Jesus Christus entspricht (Römer 15,5). Mach uns zu einem echten Team, in dem beide Partner bereitwillig zusammenarbeiten und nicht jeder Einzelne seine eigenen, unabhängigen Ziele verfolgt. Hilf uns, die Schwächen des anderen in Liebe zu ertragen und uns nicht an Kleinigkeiten aufzuhalten. Lass uns stattdessen »alles daransetzen, dass wir in Frieden miteinander leben und einander in unserem Glauben fördern« (Römer 14,15). Ermögliche uns, in gleicher Gesinnung und Überzeugung zusammenzuhalten (1. Korinther 1,10).

Von ganzem Herzen bitte ich dich, dass unsere Hingabe an dich und aneinander mit jedem Tag wächst und stärker wird. Befähige meinen Mann, seine Rolle in unserer Familie einzunehmen, und zeig mir, wie ich ihn in gebührender Weise respektieren und unterstützen kann. Gib mir Verständnis für seine Träume und hilf mir, die Dinge von seinem Standpunkt aus zu betrachten. Offenbare mir seine tiefsten Bedürfnisse und mach mich wachsam, so dass ich mögliche Gefahren für unsere Beziehung erkenne, bevor sie unserer Ehe schaden können. Hauche unserer Beziehung neues, göttliches Leben ein.

Bitte mach mich zu einer neuen Person in dir, Herr Jesus. Schenke mir eine frische Perspektive, eine positive Lebenseinstellung und eine neue Beziehung zu dem Mann, den du mir zur Seite gestellt hast. Ich möchte ihn mit ganz neuen Augen sehen und ihn von Herzen schätzen, lieben und achten. Segne meinen Mann, indem du ihm eine neue Frau schenkst — mich.

Kraft aus Gottes Wort

Hört auf meine Worte! Ihr könnt beten,
worum ihr wollt – wenn ihr glaubt,
werdet ihr es erhalten. Doch wenn ihr betet,
dann vergebt zuerst allen, gegen die ihr
einen Groll hegt, damit euer Vater im
Himmel euch eure Sünden auch vergeben kann.
Markus 11, 24-25

Seid stattdessen freundlich
und mitfühlend zueinander und vergebt
euch gegenseitig, wie auch Gott
euch durch Christus vergeben hat.
Epheser 4,32

Bittet, und ihr werdet erhalten. Sucht,
und ihr werdet finden. Klopft an, und
die Tür wird euch geöffnet werden.
Denn wer bittet, wird erhalten.
Wer sucht, wird finden. Und die Tür wird
jedem geöffnet, der anklopft.

Matthäus 7,7-8

Ein Haus wird durch Weisheit erbaut
und durch Verstand befestigt.
Durch Einsicht werden seine Zimmer
mit den unterschiedlichsten Reichtümern
und Kostbarkeiten gefüllt.

Sprüche 24,3-4

Deshalb werdet nicht müde zu tun,
was gut ist. Lasst euch nicht entmutigen
und gebt nie auf, denn zur gegebenen Zeit
werden wir auch den entsprechenden Segen ernten.

Galater 6,9

KAPITEL 2

Seine Arbeit

Bill ist ein Faulpelz, der seine Frau Kim das Geld verdienen lässt und selbst keiner geregelten Arbeit nachgeht. Zwar redet er immer wieder davon, dass er sich selbständig machen will, doch er unternimmt nie irgendwelche konkreten Schritte. Diese Situation hat sich seit siebzehn Jahren nicht geändert, und Kim ist es langsam leid, Beruf und Haushalt miteinander zu vereinen, während ihr Mann auf der faulen Haut liegt. Ich persönlich glaube, dass hinter Bills Arbeitsscheu eine unbewusste Furcht steckt. Vermutlich hat er Angst davor, in einer Tretmühle zu enden und sich bis zu seiner Pensionierung mit langweiligen Routinetätigkeiten herumzuschlagen.

Steven hingegen arbeitet ununterbrochen. Er macht fast nie eine Pause, um sich auszuruhen, und verbringt wenig Zeit mit seiner Familie. Seine Kinder werden bald erwachsen sein, ohne dass er sich viel um sie gekümmert hätte. Dabei müsste er gar nicht so schwer schuften, denn finanziell ist Steven recht gut gestellt. Im Grunde seines Herzens befürchtet er jedoch, die Anerkennung seiner Mitmenschen zu verlieren, falls er ihnen nicht mehr durch seine Leistung imponieren kann.

Dies sind zwei drastische Beispiele, doch sie zeigen, wie unterschiedlich Männer an ihre Arbeit herangehen. Auf der einen Seite handelt es sich um einen Faulpelz, der aus lauter Egoismus, Angst oder mangelndem Selbstvertrauen einen Bogen um jede Tätigkeit schlägt. Zu diesem Thema sagt die Bibel: »Für die Faulen ist jeder Weg mit Dornen versperrt« (Sprüche 15,19). »Den Faulpelz bringen seine Wünsche um, weil seine Hände sie nicht erfüllen wollen« (Sprüche 21,25). Anders ausgedrückt heißt das, dass ein fauler Mensch es nie zu etwas bringt, keinen Besitz erlangt, nie weiterkommt und letztendlich zugrunde gehen wird.

Das entgegengesetzte Extrem sind die Menschen, die geradezu besessen sind von ihrer Arbeit. Sie lassen sich durch nichts ablenken und machen keine Pause, bevor sie buchstäblich zusammenbrechen. Gottes Urteil darüber lautet: »Alle, die auf krummen Wegen reich werden wollen, nehmen ein solches Ende: Dem Räuber raubt sein Raub das Leben!« (Sprüche 1,19). »Doch dann dachte ich über alles nach, was ich getan und erreicht hatte, und kam zu dem Ergebnis: Alles ist sinnlos; du könntest genauso gut mit der Hand nach dem Wind greifen. Letztlich kommt bei aller Mühe nichts heraus« (Prediger 2,11). Man kann also sagen, dass Arbeitswut zwecklos ist und einen Menschen zugrunde richtet.

Um Glück und Erfüllung zu erleben, müssen wir einen gesunden Mittelweg zwischen diesen beiden Extremen finden. Das ist sicher nicht leicht, doch Gott möchte uns bei diesem schwierigen Drahtseilakt unter die Arme greifen.

Die tiefere Ursache für Faulheit oder übertriebene Arbeitswut ist möglicherweise dieselbe, nämlich eine tief sitzende, unbewusste Furcht. Vermutlich hängt es damit zusammen, dass ein Mann seine eigene Identität eng mit seiner Arbeit verknüpft. Er benötigt Anerkennung und Erfolg und versucht, diese Ziele in seinem Beruf zu erreichen. Der Gedanke an Misserfolg oder Versagen jagt ihm große Angst ein, und er bezieht das Ergebnis seiner Arbeit direkt auf seine eigene Person.

Gott weiß am allerbesten, wie wichtig es ist, dass ein Mann in seiner Arbeit Erfüllung findet. In Prediger 3,13 steht, dass wir es der Güte Gottes verdanken, wenn wir die Früchte unserer Arbeit genießen können. Die Tatsache, dass viele Männer diese Erfüllung vermissen, hat jedoch weniger damit zu tun, welchen Beruf sie ausüben, sondern damit, ob sie ein klar formuliertes Lebensziel haben. Wer kein bestimmtes Ziel anstrebt, kommt irgendwann an den Punkt, an dem er feststellt, dass er sich jahrelang abgemüht hat, ohne das erreicht zu haben, was er sich wünscht. Diese Einsicht ist sehr entmutigend, und falls derjenige dann auch noch von dem Schreckgespenst des Älterwerdens heimgesucht wird, spuken ihm bald Gedanken im Kopf herum wie: »Du bist ein absoluter Versager«, »Dich braucht doch keiner«, »Bilde dir nicht ein, du könntest noch etwas Neues dazulernen«, »Dein Leben ist völlig sinnlos« und »Die anderen sind viel besser als du.« Diesen deprimierenden Gedanken nachzuhängen kann einen Mann in tiefe Depressionen stürzen.

Gary hat wie sein Vater und sein Großvater keinen richtigen Beruf erlernt und hält sich mit allen möglichen Jobs über Wasser. Alle drei Männer erkannten erst ziemlich spät, was sie mit ihrem Leben anfangen wollten. Vorher ließen sie sich einfach treiben und verdienten gerade genug, um keine Sozialhilfe beantragen zu müssen. Leider hatten weder Gary noch sein Vater oder Großvater gläubige Eltern, die für sie gebetet hätten. Eltern können ihren Kindern den Weg ebnen, indem sie dafür beten, dass Begabungen und Fähigkeiten schon früh sichtbar werden. Bereits als Jugendliche sollten wir erkennen, welchen Plan Gott für unser Leben hat, und seinem Ruf folgen. Ohne Gottes Eingreifen wiederholt sich jedoch die Geschichte, und die Kinder ahmen die Fehler ihrer Eltern nach.

Immer wieder habe ich beobachtet, dass Jugendliche, deren Eltern intensiv für sie gebetet haben, eine positive Berufswahl treffen. Zwar werden sie nicht über Nacht reich und berühmt, doch sie haben ein klar formuliertes Lebensziel vor Augen, das sie in die richtige Richtung lenkt. Sie leiden nicht unter der Ziellosigkeit und Frustration, von der viele Jugendliche geplagt werden. Natürlich gibt es viele Eltern, die ganz bestimmte Pläne für ihre Kinder haben, doch sie sollten stattdessen herausfinden, was *Gott* mit ihren Kindern vorhat. Wenn wir unsere Kinder dem Zufall überlassen, treffen sie womöglich falsche Entscheidungen, die sich negativ auf ihre ganze Zukunft auswirken. Später leiden sie dann darunter, dass sie den falschen Beruf ergriffen haben, oder schlagen sich mit schlecht bezahlten Jobs herum. Falls Ihr Mann einen ähnlichen Start gehabt hat, können Ihre Gebete sein ganzes Leben verändern.

Sofern seine Eltern nicht für ihn gebetet haben, können Sie diese Rolle übernehmen und Gott bitten, dass er Ihrem Mann die Augen öffnet. Gott kann ihm zeigen, was er mit ihm vorhat, und ihn in die richtige Richtung führen. Ihre Gebete können dazu beitragen, dass Ihr Mann ein völlig neues Selbstwertgefühl bekommt und erkennt, dass sein Wert nicht in seiner Leistung liegt. Als seine Frau können Sie ihm versichern, dass Gott ihn mit ganz besonderen Begabungen und Fähigkeiten ausgerüstet hat und ihm eine verheißungsvolle Zukunft schenken möchte. Bitten Sie Gott, dass die Stärken Ihres Mannes auch für andere Menschen sichtbar werden und dass er Gelegenheit hat, seine Fähigkeiten zu entwickeln. Ihre Gebete können ihm Türen öffnen und Wege ebnen.

Wenn Ihr Mann mit seiner Arbeit zufrieden ist und darin Erfolg hat, sollten Sie ihn trotzdem im Gebet unterstützen. Beten Sie dafür, dass weiterhin alles glatt geht und dass er auf Gottes Führung achtet. Als Songwriter und Plattenproduzent hat Michael mir bestätigt, dass meine Gebete ihn davor bewahrt haben, für die falschen Auftraggeber zu arbeiten. Bis heute hatte er keine schwierigen oder sonderbaren Kunden, was in dieser Branche geradezu ein Wunder darstellt. Michael weiß, dass ich immer dafür gebetet habe, dass Gott ihn mit den richtigen Leuten zusammenbringt und ihn von den Menschen fern hält, die ihm Ärger bereiten würden. Zwar können wir unserem Mann nicht alle Schwierigkeiten aus dem Weg räumen, doch mit Gottes Hilfe können wir ihm manches frustrierende Erlebnis ersparen.

Wenn Ihr Mann hart arbeitet, sollten Sie dafür sorgen, dass er sich genug Zeit nimmt, um auszuruhen und abzuschalten. Er sollte sich regelmäßig von seiner Rolle als Ernährer der Familie erholen und zur Entspannung irgendeinem Hobby nachgehen. Falls ein Mann nicht genügend Ruhepausen hat, ist er anfällig für alle möglichen Versuchungen und nähert sich einem körperlichen oder seelischen Zusammenbruch. Sie können Ihrem Partner durch Ihre Gebete begreiflich machen, dass der Sinn seines Lebens nicht in seiner Arbeit besteht, sondern darin, den Willen Gottes zu tun. Beten Sie dafür, dass er den richtigen Mittelweg zwischen zwei gefährlichen Extremen findet.

Gebet

Herr, ich bitte dich, dass du die Arbeit meines Mannes segnest. Bitte lass ihn in seiner Arbeit Erfüllung finden und schenke ihm den Erfolg, den er sich wünscht. Falls seine augenblickliche Situation nicht mit deinem vollkommenen Plan für sein Leben übereinstimmt, dann offenbare es ihm bitte. Zeig ihm, was er ändern sollte, und führe ihn auf den richtigen Weg. Gib ihm Kraft, Glauben und eine Vision für die Zukunft, so dass er niemals vor einer Arbeit davonläuft, weil er ängstlich, egoistisch oder verantwortungsscheu ist. Gleichzeitig bitte ich dich jedoch, dass du ihn davor bewahrst, sich zu Tode zu schuften, nur um Anerkennung zu erhalten oder noch mehr Geld zu verdienen. Bitte gib ihm die Fähigkeit, die Früchte seiner Arbeit zu genießen, anstatt immer größere Erfolge anzustreben. Hilf ihm, sein Bestes zu geben, ohne sich dabei unter Druck zu fühlen.

Herr, ich bitte dich, dass du deine Hand über die Arbeit meines Mannes hältst und dass er sich in allen Dingen deinem Willen unterordnet. Schenke ihm genügend Selbstvertrauen, damit er seine Begabungen und Talente nützt, um gute Arbeit zu leisten. Gib ihm neue Gelegenheiten und hilf ihm, seine Fähigkeiten weiterzuentwickeln. Bitte zeig mir, auf welche Weise ich ihn am besten ermutigen kann.

Sorge dafür, dass mein Mann eine solide, sichere und gut bezahlte Arbeitsstelle hat und dass er seine Tätigkeit gerne ausübt. Gib, dass er im Eifer nicht nachlässig ist, sondern sich vom Geist Gottes entflammen lässt (Römer 12,11). Lass ihn wie ein Baum sein, »der am Wasser steht; Jahr für Jahr trägt er Frucht, sein Laub bleibt grün und frisch. Ein solcher Mensch hat Erfolg bei allem, was er unternimmt« (Psalm 1,3).

Kraft aus Gottes Wort

Kennst du wirklich fähige Arbeiter?
Sicherlich dienen sie eher Königen als
geringen Menschen.
Sprüche 22,29

Versuche nicht, mit aller Kraft reich zu werden;
sei klug und vergeude deine Zeit nicht damit.
Denn der Reichtum kann plötzlich verschwinden –
er bekommt Flügel wie ein Adler und fliegt davon.
Sprüche 23,4-5

Was nützt es, die ganze Welt zu gewinnen
und dabei seine Seele zu verlieren?
Gibt es etwas Kostbareres als die Seele?
Matthäus 16,26

Faulheit lässt das Gebälk schief werden,
und das Dach wird undicht,
wenn die Hände lässig im Schoß liegen.
Prediger 10,18

Der Herr, unser Gott, schaue freundlich auf uns
und lasse unsere Arbeit gelingen.
Ja, lass unsere Arbeit gelingen!
Psalm 90,17

KAPITEL 3

Seine Finanzen

Sowohl der Alltag Ihres Mannes als auch seine langfristigen Ziele und Träume werden von der Einstellung beeinflusst, die er zum Geld hat. Überlegen Sie einmal, ob er großzügig ist oder eher geizig. Ist er dankbar für das, was er besitzt, oder beneidet er andere Leute um ihren Reichtum? Stellt Geld für ihn einen Segen oder einen Fluch dar? Geht er mit den Finanzen, die er zur Verfügung hat, vernünftig um oder wirft er das Geld zum Fenster hinaus? Fragt er Sie um Rat, bevor er größere Summen ausgibt, oder ist dieses Thema der Zankapfel in Ihrer Beziehung? Nichts belastet eine Ehe mehr als unverantwortlicher Umgang mit Geld, finanzielle Not und hohe Schulden. Sobald wir jedoch begriffen haben, dass alles, was wir besitzen, von Gott kommt und dass wir ihn zum Herrn über unsere Finanzen machen sollten, können wir dieses schwierige Problem bewältigen.

Obwohl mein Mann immer genug verdient hat, um unsere Familie zu ernähren, brachte sein Beruf es mit sich, dass wir von Zeit zu Zeit knapp bei Kasse waren, bis der nächste Kunde seine Rechnung bezahlte. In einem Jahr gab es eine Rezession in der Musikindustrie, die jeder zu spüren bekam. Auch die Firmen, die uns Geld schuldeten, hielten ihre Zahlungen zurück, weil sie nicht über genügend Barmittel verfügten. Diese Zeit war nicht einfach, doch sie wäre noch viel schlimmer gewesen, falls wir Gott nicht vertraut und unsere Finanzen nicht unter seine Herrschaft gestellt hätten. Die Tatsache, dass wir Gott gehorcht und den zehnten Teil unserer Einkünfte der Gemeinde gespendet hatten, gab uns Zuversicht und Hoffnung. »›Bringt den zehnten Teil eurer Erträge unverkürzt zu meinem Tempel, damit meine Priester nicht Hunger leiden. Habt keine Sorge, dass ihr dann selber in Not kommt! Stellt mich auf die Probe‹, sagt der Herr, der Herrscher der Welt, ›macht den Versuch, ob ich dann nicht die Fenster des Himmels öffne und euch mit Segen überschütte!‹« (Maleachi 3,10). Außerdem hatten wir an Arme und Bedürftige gedacht. »Wie glücklich sind alle, die für die Hilflosen sorgen! Wenn sie in Not geraten, holt der Herr sie heraus und erhält sie am Leben; alle im Land werden sie glücklich preisen« (Psalm 41,2-3). In Psalm 34,10 wird uns zudem versprochen: »Wer ihm gehorcht, kennt keine Not.« Michael und ich haben Gott gehorcht und darauf vertraut, dass er uns mit allem versorgen würde, was wir zum Leben benötigen. Gott hat uns nie im Stich gelassen, und wir wollen weiterhin das tun, was er von uns verlangt.

Viele finanzielle Probleme könnten dadurch gelöst werden, dass man sein Geld bewusst unter Gottes Herrschaft stellt und so damit umgeht, wie Gott es will. Das heißt, dass wir uns von unserem Geld trennen sollen, wenn Gott uns dazu auffordert. Wenn wir Gott gehorchen, verspricht er uns, dass er uns befreit, beschützt, segnet, heilt und am Leben erhält. Falls wir Gott nicht gehorchen, geht es uns nicht besser als den Armen, denn »wenn du für das Schreien der Armen nur taube Ohren hast, wirst du keine Antwort bekommen, wenn du selber um Hilfe rufst« (Sprüche 21,13). Wer nicht bereit ist, mit anderen zu teilen, kann sich nicht mehr an seinem eigenen Reichtum freuen und bekommt immer wieder Steine in den Weg gelegt.

Natürlich gibt es viele wohlhabende Leute, die sehr geizig sind. Könnten wir ihr Leben jedoch ganz genau unter die Lupe nehmen, dann würden wir bald entdecken, dass ihnen der Segen Gottes fehlt. Sie vermissen Dinge wie Liebe, Friede, Bewahrung, Gesundheit und Erfüllung, die Gott seinen Kindern verspricht. Obwohl sie immer mehr Geld verdienen, können sie sich nicht an ihrem Wohlstand freuen, weil sie nicht wissen, was der Schlüssel zu echtem Leben ist — Gott zu kennen und seinen Willen zu tun. Wenn wir Gott gehorchen, gehen wir großzügig mit unserer Zeit, unserem Geld und unserer Energie um und setzen alles so ein, wie Gott uns führt.

Beten Sie dafür, dass Ihr Mann diesen Schlüssel zu wahrem Leben entdeckt und sich Gottes Willen unterordnet. Bitten Sie Gott, dass er Ihren Mann zu einem Menschen werden lässt, der gerne mit anderen teilt und mit dem zufrieden ist, was er besitzt. Natürlich meine ich damit nicht, dass Ihr Mann nie versuchen sollte, sein Einkommen zu steigern — ganz im Gegenteil. Als seine Frau sollten Sie dafür beten, dass die Arbeit, die er leistet, angemessen bezahlt wird. Sie brauchen es keinesfalls hinzunehmen, dass Ihr Mann sich krumm und lahm schuftet, ohne den entsprechenden Gegenwert für seine Mühe zu erhalten. Bitten Sie Gott, seinen Segen über Ihrem Mann auszuschütten, und machen Sie sich klar, dass Gott die Quelle Ihres Wohlstands ist. »Wohlstand kommt durch Gottes Segen, eigene Mühe macht ihn nicht größer« (Sprüche 10,22).

Ihre Fürbitte wird vermutlich nicht bewirken, dass Sie niemals finanzielle Probleme haben werden, denn Gott benutzt manchmal diesen Weg, um uns etwas beizubringen oder unsere Aufmerksamkeit zu gewinnen. Doch Ihre Gebete werden ganz bestimmt verhindern, dass Ihr Mann unnötige Kämpfe durchmacht oder verheerende Verluste erlebt. Gott belohnt die Menschen, die ein gehorsames, dankbares und großzügiges Herz haben und ihn an die erste Stelle setzen. »Euer Herz wird immer dort sein, wo ihr eure Schätze habt«, heißt es in Matthäus 6,21. Daher sollte Ihr Mann seine tiefste Erfüllung bei Gott suchen und nicht in seinen Finanzen.

Gebet

Herr, ich befehle dir unsere Finanzen an. Bitte regiere über allem, was wir besitzen, und verwende es nach deinen Vorstellungen. Hilf uns, unser Geld richtig zu verwalten und es erst auszugeben, nachdem wir uns über den Zweck einig geworden sind. Bewahre uns vor Schulden und lass uns aus vergangenen Fehlern lernen. Führe uns in die richtige Richtung und zeig mir, wie ich zum Unterhalt unserer Familie beitragen kann, anstatt unser Geld für unnötige Dinge auszugeben. Rufe uns immer wieder ins Gedächtnis, dass alles, was wir haben, dir gehört, und schenke uns ein dankbares Herz.

Herr, ich bitte dich, dass es meinem Mann leicht fällt, dir einen Teil seiner Einkünfte zu opfern und sein Geld mit den Bedürftigen zu teilen. Gib ihm Weisheit, damit er richtig mit unserem Geld umgeht, und hilf ihm, kluge Entscheidungen zu treffen. Zeig ihm, wie er für unsere Zukunft vorsorgen soll und lass ihn einen gesunden Mittelweg zwischen Geiz und Verschwendung finden. Lass die Arbeit, die er leistet, immer angemessen bezahlt werden und sein Geld weder gestohlen werden noch zwischen seinen Fingern zerrinnen. Bitte vermehre unsere finanziellen Mittel, damit sie lange reichen. Bewahre meinen Mann davor, sich um Geld zu sorgen, und hilf ihm, dein Reich an die erste Stelle zu setzen. Ich weiß, dass du uns mit allem versorgen wirst, was wir brauchen, solange wir dir gehorchen (Lukas 12,31).

Kraft aus Gottes Wort

Macht euch keine Gedanken über eure Nahrung –
was ihr essen oder trinken sollt.
Macht euch keine Gedanken darüber,
ob Gott euch damit versorgen wird.
Diese Dinge beherrschen das Denken der meisten Menschen,
doch euer Vater weiß, was ihr braucht.
Er wird euch jeden Tag alles Nötige geben,
wenn das Reich Gottes für euch das Wichtigste ist.

Lukas 12,29-31

Auch wenn Gott einem
Menschen Reichtum und viele Güter
gegeben hat, und der Mensch diese aus
der Hand Gottes annehmen und sich
trotz seiner Mühe daran freuen kann,
ist es ein Geschenk Gottes.

Prediger 5,18

Wer dem Armen gibt, dem wird es an nichts fehlen.
Wer aber die Augen vor der Armut verschließt,
wird verflucht sein.

Sprüche 28,27

Ich habe ein langes Leben hinter mir,
doch nie habe ich erlebt, dass die,
die auf Gott vertrauen, vergessen wurden,
oder dass ihre Kinder um Brot betteln mussten.

Psalm 37,25

Und mein Gott wird euch aus seinem großen Reichtum,
den wir in Christus Jesus haben,
alles geben, was ihr braucht.

Philipper 4,19

KAPITEL 4

Seine Sexualität

Ist Ihnen schon aufgefallen, dass wir bis jetzt genau die Punkte angesprochen haben, die einem Mann am wichtigsten sind? Falls es uns gelingt, auf diesen Gebieten zum Glück unseres Partners beizutragen, werden wir mehr Erfolg in anderen Bereichen haben, die sein Wohlbefinden ebenfalls entscheidend beeinflussen.

Nachdem ich zwanzig Jahre lang mit vielen Frauen für ihre gefährdeten, zerrütteten oder zerbrochenen Beziehungen gebetet habe, habe ich festgestellt, dass die Sexualität häufig ganz unten auf ihrer Prioritätenliste stand. Es war nicht so, dass diese Frauen überhaupt kein Interesse an Sex gehabt hätten, sondern es gab einfach so viele Dinge, die sie in Atem hielten und die in ihren Augen größeren Vorrang besaßen: Kindererziehung, Beruf, Finanzen, Haushalt, Stress, Krankheit und die Auseinandersetzungen innerhalb ihrer Ehe. Bei dem Versuch, allen diesen Anforderungen gerecht zu werden, kann es oft vorkommen, dass die Sexualität völlig vernachlässigt wird. Manche Frauen lassen Wochen, Monate oder sogar ein ganzes Jahr vergehen, ohne irgendwelche sexuellen Kontakte mit ihrem Mann zu pflegen, und wenn dann plötzlich eine Katastrophe passiert, fallen sie aus allen Wolken. Womöglich findet eine Frau diesen Zustand gar nicht so schlimm, doch für einen Mann ist die Sexualität ein unverzichtbarer Bestandteil seines Lebens.

Frauen wünschen sich zuerst eine harmonische Beziehung, bevor sie an Sex denken. Sie können es sich nicht vorstellen, zärtlich zu einem Mann zu sein, der sie verletzt, vernachlässigt oder schlecht behandelt. Dagegen stellt Sex für einen Mann ein reines

Bedürfnis dar wie Essen oder Schlafen. Er benötigt dieses »Entlastungsventil«, damit seine Gedanken, Gefühle und Sinne nicht verschleiert werden. Solange dieser wichtige Bereich seines Lebens vernachlässigt wird, fällt es ihm schwer, den Bedürfnissen seiner Frau genügend Beachtung zu schenken und auf ihre Vorschläge und Ideen einzugehen. Frauen empfinden häufig genau umgekehrt — sie möchten zuerst ihre Probleme lösen und anschließend Sex haben. Allerdings ist die Chance, einen Konflikt beizulegen, viel größer, wenn man der Sexualität den richtigen Stellenwert einräumt.

Daher sollten Sie darauf achten, die sexuelle Beziehung zu Ihrem Mann ganz oben auf Ihre Prioritätenliste zu setzen — egal, ob alle anderen Bedingungen stimmen und ob Ihnen danach zumute ist. Es geht vielmehr darum, dass Sie die grundlegenden Bedürfnisse Ihres Partners erfüllen und die Voraussetzung für echte Kommunikation schaffen. Wenn die sexuelle Beziehung gestört ist, kämpfen Männer mit Minderwertigkeitsgefühlen und Entmutigung und werden viel anfälliger für Versuchungen. Auf keinem anderen Gebiet ist ein Mann so verletzlich, und gleichzeitig findet er wahrscheinlich nirgends größere Erfüllung als in einer harmonischen sexuellen Beziehung.

Sexuelle Probleme kommen häufig vor, weil viele Frauen sich nicht im Klaren darüber sind, wie Gott zu diesem Thema steht. Die Bibel sagt uns aber ganz eindeutig: »Die Frau verfügt nicht über ihren Körper, sondern der Mann; ebenso verfügt der Mann nicht über seinen Körper, sondern die Frau. Entzieht euch einander nicht — höchstens wenn ihr euch einig werdet, eine Zeit lang auf den ehelichen Verkehr zu verzichten, um euch dem Gebet zu widmen. Aber danach sollt ihr wieder zusammenkommen; sonst verführt euch der Satan, weil ihr ja doch nicht enthaltsam leben könnt« (1. Korinther 7,4-5). Sexualität innerhalb der Ehe war Gottes Idee, und sofern uns körperliche Gebrechen, räumliche Trennung oder lange Fastenzeiten nicht davon abhalten, gibt es keine Entschuldigung dafür, diesen Bereich unserer Beziehung zu vernachlässigen.

Sobald wir verheiratet sind, gehört unser Körper nicht mehr uns selbst. Wir sind unserem Partner sexuelle Aufmerksamkeit *schuldig* und dürfen ihn nicht »am ausgestreckten Arm verhungern lassen«. Wie oft wir Sex haben, sollte nicht nur von unseren eigenen Bedürfnissen abhängen, sondern sich vielmehr nach den Wünschen unseres Partners richten. Falls Ihre Einstellung zur Sexualität nur darauf beruht, was *Sie* brauchen oder wollen, sehen Sie die Dinge nicht aus Gottes Perspektive. Die Bibel lehrt uns, dass unser Körper dazu geschaffen wurde, um unseren Partner zu trösten und zu ergänzen. Wenn eine Frau sich entschließt, die Bedürfnisse ihres Mannes ernst zu nehmen und sie zu erfüllen, baut sie ihren Mann auf und stärkt die Beziehung zwischen ihnen. Falls intime Kontakte jedoch selten sind oder gar nicht mehr stattfinden, leidet die Ehe größeren Schaden, als Sie sich vorstellen können. Dazu kommt, dass sexuellen Versuchungen dadurch Tür und Tor geöffnet werden. Keiner kann von sich behaupten, er wäre vollkommen, und daher ist es sehr wichtig, dass wir für die Sexualität in unserer Ehe beten. Natürlich ist es am besten, wenn wir zu Gott kommen, *bevor* wir dazu gezwungen sind.

Falls Ihr Mann gerne häufiger Sex haben würde und Sie dem im Wege stehen, dann bitten Sie Gott doch einfach, dass er Ihnen hilft sich umzustellen. Wenn Sie kleine Kinder haben, um die Sie sich Tag und Nacht kümmern müssen, fällt es Ihnen vermutlich sehr schwer, alle Dinge in den Griff zu bekommen. Bis die Kinder abends im Bett sind, sind Sie selbst schon so müde, dass Sie im Stehen einschlafen könnten. Sie sehnen sich nur noch danach, die Augen zuzumachen, und dann kommt auf einmal Ihr Mann und hat ganz andere Pläne mit Ihnen. Jetzt gibt es verschiedene Möglichkeiten, wie Sie reagieren können: Entweder schlagen Sie ihm seine Bitte rundweg ab oder Sie jammern ihm etwas vor in der Hoffnung, dass er einlenken wird und zu Ihnen sagt: »Klar, wenn du so müde bist, dann ruh dich richtig aus.« Als dritte Möglichkeit können Sie sich so schlecht benehmen, dass Ihren Mann die Wut packt und er sich zurückzieht. Ich habe jedoch noch eine vierte Alternative entdeckt, die weitaus besser funktioniert. Probieren Sie sie doch einfach aus und finden Sie selbst heraus, ob sie Ihnen zusagt.

Wenn Ihr Mann Ihnen das nächste Mal auf seine ganz spezielle Weise mitteilt, dass er gerne mit Ihnen schlafen würde, dann verdrehen Sie nicht die Augen und stoßen einen abgrundtiefen Seufzer aus. Lächeln Sie stattdessen und antworten Sie: »Mit Vergnügen, ich brauche nur noch fünfzehn Minuten.« (Falls Sie eine halbe Stunde brauchen, dann bitten Sie ihn, eine halbe Stunde zu warten.) In dieser Zeit tun Sie etwas, das Ihre Lebensgeister weckt. Nehmen Sie ein Schaumbad oder eine Dusche und benutzen Sie Parfüm oder eine duftende Bodylotion. (Besitzen Sie ein Parfüm, das Sie nur für ganz besondere Momente verwenden?) Kämmen Sie Ihr Haar und legen Sie ein Make-up auf, das Ihrer Haut einen rosigen Schimmer verleiht. Wie steht es mit Lippenstift und Rouge? Schlüpfen Sie in ein Dessous, das Ihr Mann einfach unwiderstehlich findet. Denken Sie nicht über die Dinge nach, die Ihnen an Ihrem Körper nicht gefallen, denn Ihr Mann wird darauf gar nicht achten. Falls Sie trotzdem Hemmungen haben, ziehen Sie ein schönes Nachthemd an, das weniger vorteilhafte Stellen verdeckt. Während Sie sich so zurechtmachen, bitten Sie Gott, Ihnen neue Energie und die richtige Einstellung zu schenken. Fünfzehn Minuten später wird Ihr Mann Ihnen sicher bestätigen, dass das Warten sich gelohnt hat, und Sie selbst werden überrascht feststellen, dass Sie viel mehr Freude an Intimitäten haben, wenn Sie sich attraktiv fühlen. Ihr Mann ist glücklich und Sie werden beide viel besser schlafen können. Die Zeit, die Sie investieren, wird positive Auswirkungen auf Ihre Beziehung haben.

Manchmal ist es genau umgekehrt und eine Frau fühlt sich von ihrem Mann sexuell vernachlässigt. Für sein mangelndes Interesse kann es verschiedene Gründe geben — sowohl auf körperlichem als auch auf seelischem Gebiet. Falls Ihr Mann jedoch damit zufrieden ist, monatelang ohne Sex auszukommen, stimmt irgendetwas nicht. Wenn keine körperliche Ursache vorliegt, plagen ihn vielleicht verborgene Ängste, Enttäuschungen oder Depressionen, über die er mit jemandem reden sollte. Im Gebet kann Gott Ihnen zeigen, um welche Probleme es sich handelt und wie sie zu lösen sind. Scheuen Sie sich nicht, professionelle Hilfe in Anspruch zu nehmen, falls es nötig sein sollte. Das Honorar für einen Therapeuten ist immer noch billiger als eine Scheidung und erspart Ihnen das Leid, das eine zerrüttete Ehe mit sich bringt. Lassen Sie nicht zu, dass sich in Ihrem Herzen oder im Herzen Ihres

Mannes negative Gefühle wie Groll, Bitterkeit und Selbstmitleid anstauen. Legen Sie Wert auf Ihr Äußeres und kümmern Sie sich um Ihren Körper. Falls Sie das nicht sich selbst zuliebe tun können, dann betrachten Sie es als einen Akt der Nächstenliebe an Ihrem Mann. Kaufen Sie besondere Unterwäsche, die Sie nur tragen, wenn Sie mit ihm allein sind. Gehen Sie mal wieder zum Friseur und überraschen Sie Ihren Mann mit Ihrer neuen Einstellung. Nehmen Sie sich ab und zu Zeit für sich selbst, damit Ihre Seele so richtig auftanken kann. Auf keinen Fall dürfen Sie jedoch passiv bleiben und einfach *nichts* tun!

Sobald die sexuelle Seite einer Beziehung vernachlässigt wird, schleichen sich andere Dinge ein, die zum Zerbrechen dieser Partnerschaft beitragen. Bleiben Sie wachsam und lassen Sie nicht zu viel Zeit verstreichen, ohne mit Ihrem Mann sexuellen Kontakt zu haben. Falls die Situation bereits völlig verfahren ist, bitten Sie Gott, Ihnen die Ursache dafür zu zeigen und alles wieder in Ordnung zu bringen. Manchmal haben sexuelle Probleme ihren Ursprung in Erfahrungen, die einer der Partner in der Vergangenheit gemacht hat. Aber Sie können dafür beten, dass Gott Verletzungen heilt und Sie von den Erinnerungen befreit. Lassen Sie sich nicht den Segen rauben, den Gott über Ihrer Ehe ausschütten möchte, indem Sie es vernachlässigen, für diesen wichtigen Bereich zu beten.

Gebet

Herr, bitte segne die Sexualität meines Mannes und schenke ihm große Erfüllung. Falls irgendetwas zwischen uns nicht stimmt, dann bring es bitte in Ordnung und heile alle unsere Verletzungen. Bewahre uns vor Passivität, Enttäuschungen und gegenseitiger Kritik und hindere uns daran, vor lauter Arbeit, Bitterkeit oder Gleichgültigkeit nebeneinander herzuleben. Hilf uns, dass wir uns ganz bewusst Zeit füreinander nehmen und offen aussprechen, was wir auf dem Herzen haben. Gib uns genügend Einfühlungsvermögen, damit wir verstehen, was der andere gerade braucht.

Schenke uns sexuelle Reinheit in Gedanken und Taten und bewahre uns vor jeder Versuchung. Befreie uns von den Bindungen, die die Vergangenheit auf uns gelegt hat und lösche jede Erinnerung an sexuelle Verfehlungen aus. Schließ jedes Einfallstor des Teufels, durch das er uns zur Untreue verführen möchte, und mach uns stark in dir. Hilf uns, uns »von Unzucht fernzuhalten« und »so zusammenzuleben, wie es Gott und den Menschen gefällt« (1. Thessalonicher 4,3-4). Ich bitte dich, Herr, dass jeder von uns nur den anderen begehrt und niemanden sonst. Zeig mir, wie ich mich für meinen Mann schön machen kann, damit er mich anziehend findet. Hilf mir, die Partnerin zu sein, die er braucht, und bewahre uns beide davor, außerhalb unserer Ehe nach Erfüllung zu suchen.

Herr, mir ist klar geworden, dass ich die Sexualität nicht vernachlässigen darf, weil sie einen ganz wichtigen Bereich unserer Beziehung darstellt. Bewahre mich davor, Sex als Waffe zu gebrauchen oder meinen Mann dadurch manipulieren zu wollen. Ich stelle diese Ebene unserer Beziehung bewusst unter deine Herrschaft und bitte dich, uns neue Freude aneinander zu schenken. Verändere unsere Sexualität, bis sie so ist, wie du sie dir gedacht hast.

Kraft aus Gottes Wort

Deshalb haltet euch fern von aller
Unzucht! Keine andere Sünde hat so
große Auswirkungen auf den Körper
wie diese, denn Unzucht ist eine Sünde
gegen den eigenen Körper. Oder
wisst ihr nicht, dass euer Leib ein Tempel
des Heiligen Geistes in euch ist, der
in euch lebt und euch von Gott geschenkt
wurde? Ihr gehört nicht euch selbst,

denn Gott hat einen hohen Preis für euch bezahlt.
Deshalb ehrt Gott mit eurem Leib!

1. Korinther 6,18-20

Ihr sagt: »Das Essen ist für den Bauch da
und der Bauch für das Essen.«
Richtig. Doch vor Gott ist beides vergänglich.
Unser Körper wurde aber nicht zur Unzucht geschaffen.
Er ist für den Herrn bestimmt,
und der Herr sorgt für ihn.

1. Korinther 6,13

Trink Wasser aus deinem eigenen Brunnen –
liebe nur deine eigene Ehefrau.
Warum solltest du das Wasser
deiner Quelle nach draußen vergießen
und dich mit anderen Frauen einlassen?
Du solltest es für dich behalten
und es nicht mit Fremden teilen.

Sprüche 5,15-17

KAPITEL 5

Seine Zärtlichkeit

Nachdem Tom und Patti schon einige Jahre verheiratet waren, rückte Patti eines Tages endlich mit der Sprache heraus und bat ihren Mann um mehr Zärtlichkeit. Tom war ein wunderbarer Ehemann, der sie von Herzen liebte und geradezu auf Händen trug. Auch ihre sexuelle Beziehung stimmte, doch Patti vermisste, dass Tom sie einfach mal in den Arm nahm und küsste. Da ihr Mann in seiner Kindheit wenig Wärme und Zuneigung erfahren hatte, wollte Patti ihm auf keinen Fall Vorwürfe machen oder ihn verletzen. Andererseits war sie selber ohne Liebe aufgewachsen und brauchte Toms Zärtlichkeiten deshalb umso dringender. Jedes Mal, wenn sie dieses Thema erwähnte, gab er sich große Mühe, sein Verhalten zu ändern, doch kurz darauf war wieder alles beim Alten. Enttäuschung und Frustration machten sich breit, und irgendwann begann Patti zu resignieren. In ihrem Inneren schien etwas zu sterben, und sie fragte sich, wie sie für den Rest ihres Lebens ohne Zärtlichkeit auskommen sollte. Offensichtlich war Tom nicht in der Lage, auf ihre Bedürfnisse einzugehen.

Als Patti es nicht mehr aushielt, erzählte sie ihren Gebetspartnerinnen von ihrem Problem. Von da an beteten sie gemeinsam für Tom, und unterdessen begann Gott, an Patti zu arbeiten. Er erinnerte sie daran, dass sie sich richtig ernähren und ihren Körper fit halten sollte — eine Ermahnung, gegen die Patti sich bisher immer aufgelehnt hatte. Nachdem sie jedoch bereit war, auf Gott zu hören, und ihren Entschluss auch in die Tat umgesetzt hatte, wuchs ihr Selbstwertgefühl immer mehr. Plötzlich begriff sie, dass sie Toms Zärtlichkeiten tatsächlich verdiente. Sie brauchte sich nicht schuldig zu fühlen, weil sie ihn darum bat, denn Gott wollte auch, dass ihr nichts fehlte. Es dauerte nicht lange, bis Patti den inneren Impuls spürte, ihren Mann noch einmal auf dieses Thema anzusprechen. Dieses Mal würde alles anders sein, denn sie achtete jetzt auf Gottes Führung und hatte mit ihren Gebetspartnerinnen für ein Wunder gebetet.

»Es hat mich sehr viel Mut gekostet, noch einmal über diesen Punkt zu reden«, erzählte sie mir. »Tom und ich hatten schon so oft darüber gestritten, dass wir das Thema gar nicht mehr unvoreingenommen besprechen konnten, und so hatte ich Angst davor, eine erneute Auseinandersetzung könnte in einer Scheidung enden. Aber Gott hat mir den richtigen Tonfall und die richtigen Worte geschenkt, und dieses Mal geschah der große Durchbruch.«

»Was mich überzeugt hat«, erinnerte sich Tom, »war Pattis Argument, als sie zu mir sagte: ›Liebling, wie kann ein so wunderbarer Mann wie du, der so viele gute Eigenschaften hat und den ich so sehr liebe, an diesem klitzekleinen Punkt so große Schwierigkeiten haben?‹«

»Ich glaube, dass meine Wertschätzung ihm neuen Mut gegeben hat, so dass er sich entschlossen hat, es noch einmal zu versuchen«, meinte Patti.

Dieses Mal ging Tom jedoch ganz anders an die Sache heran. Anstatt sich wie früher verzweifelt zu bemühen, informierte er die Männer aus seinem Männergebetskreis, und sofort versicherten seine Freunde, dass sie ihn mit allen Kräften unterstützen würden. Die Männer nahmen sich vor, täglich für Tom zu beten und ihn immer wieder daran zu erinnern, dass er Patti jeden Tag seine Zuneigung demonstrieren sollte.

»Ich war sehr froh darüber, denn ich wollte mich wirklich ändern«, berichtete Tom. »Schließlich liebte ich Patti und wollte ihr auf keinen Fall wehtun. Inzwischen hatte ich jedoch kapiert, dass ich mich nur durch die Kraft des Heiligen Geistes verändern konnte.«

Wochenlang wurde Tom täglich von den Männern aus seinem Gebetskreis angerufen und gefragt: »Hast du Patti heute schon in den Arm genommen?« Außerdem gaben sie ihm Tipps, wie er seine Frau mit irgendeiner Kleinigkeit überraschen konnte, und empfahlen ihm, immer wieder bei Patti nachzuhaken, ob sie mit seiner Entwicklung zufrieden war. Hätte Gott nicht bereits an Toms Herzen gewirkt, wäre ihm diese Prozedur sicher auf die Nerven gegangen. Doch da Tom sich wirklich ändern wollte, fiel es ihm nicht schwer, auf diese Vorschläge einzugehen.

»Wenn er jetzt nach Hause kommt, nimmt er mich zuerst in den Arm und gibt mir einen Kuss«, erzählte Patti strahlend. »Und nach ein paar Umarmungen fühle ich mich wie neu geboren!«

Tom und Patti sind kein Einzelfall, denn es kommt auch unter Christen häufig vor, dass zwei Ehepartner sich kaum noch in den Arm nehmen. Manche Frauen tolerieren diesen Zustand, weil ihr Mann in vieler Hinsicht ein guter Ehemann ist. Dazu kommt, dass sie vielleicht kein besonders großes Selbstbewusstsein besitzen und gar nicht glauben, dass sie diese Form der Aufmerksamkeit verdient haben. Aber Gott hat sich die Beziehung zwischen Mann und Frau anders vorgestellt und fordert uns auf: »Der Mann soll der Frau die eheliche Pflicht leisten und ebenso die Frau dem Mann« (1. Korinther 7,3). In Prediger 3,5 heißt es, dass es eine von Gott bestimmte Zeit gibt, sich zu umarmen — und das trifft ganz sicher auf die Ehe besonders zu! Für einen Mann gehören Zärtlichkeit und Sex oft zusammen, und daher räumt er den vielen kleinen Zärtlichkeiten zwischendurch keine große Bedeutung ein. Doch für eine Frau sind gerade die kleinen, spontanen Liebesbeweise besonders wichtig, damit sie sich geborgen und angenommen fühlt. Falls Sie diese Art der Zärtlichkeit in Ihrer Ehe vermissen, dann bitten Sie Gott, dass er an Ihrem Mann ein Wunder tut.

Gebet

Herr, ich bitte dich, dass du meinem Mann und mir den Mut zu Zärtlichkeiten schenkst. Hilf uns, über unseren Schatten zu springen und einander deutlich zu beweisen, was wir füreinander empfinden. Zeig uns, wie wir einander Wertschätzung entgegenbringen können, und erinnere uns jeden Tag daran, dass wir uns in irgendeiner Weise liebevoll berühren. Bewahre uns vor Gleichgültigkeit und Kälte und mach uns liebevoll und warmherzig im Umgang miteinander. Zerstöre jede innere Blockade, die uns daran hindert, in die richtige Richtung zu gehen. Falls einer von uns sehr zärtlich und der andere äußerst passiv ist, bitte ich dich, dass du uns das richtige Gleichgewicht schenkst.

Wo wir unseren Kindern durch mangelnde Zärtlichkeit ein schlechtes Vorbild gewesen sind und ihnen ein falsches Bild von der Ehe vermittelt haben, bitte ich dich um dein Eingreifen. Bitte hilf uns, damit wir unsere Fehler offen eingestehen und unseren Kindern von jetzt an gute Vorbilder sein können.

Lass nicht zu, dass wir vor lauter Arbeit vergessen, uns immer wieder zärtlich zu berühren. Bewahre uns davor, einander als selbstverständlich zu betrachten, so dass wir uns keine Mühe mehr geben, uns gegenseitig unsere Liebe zu beweisen. Mach uns klar, wie wichtig diese Form der Kommunikation für unsere Beziehung ist, und hilf uns, unserer Ehe dadurch den Rücken zu stärken. Erinnere uns immer wieder daran, uns gegenseitig mit »dem heiligen Kuss« zu begrüßen (1. Petrus 5,14). Herr, ich weiß, dass nur dein Heiliger Geist bleibende Veränderungen zustande bringen kann, und ich vertraue darauf, dass du an uns beiden wirkst. Lass uns das Ziel erreichen, zu dem du uns berufen hast.

Kraft aus Gottes Wort

Ermutigt ihr euch gegenseitig,
Christus nachzufolgen? Tröstet
ihr euch gegenseitig in Liebe? Seid ihr
im Heiligen Geist verbunden? Gibt es
unter euch Barmherzigkeit und Mitgefühl?
Dann macht doch meine Freude
vollkommen, indem ihr in guter

Gemeinschaft zusammenarbeitet,
einander liebt und von ganzem
Herzen zusammenhaltet.

Philipper 2,1-2

Genauso müssen auch die Ehemänner
ihre Frauen lieben, wie sie ihren eigenen Körper lieben.
Denn ein Mann liebt auch sich selbst,
wenn er seine Frau liebt. Niemand
hasst doch seinen eigenen Körper,
sondern sorgt liebevoll für ihn, wie auch Christus für
seinen Leib, also für die Gemeinde, sorgt.

Epheser 5,28-29

Denkt nicht nur an eure eigenen Angelegenheiten,
sondern interessiert euch auch
für die anderen und für das, was sie tun.

Philipper 2,4

Sein linker Arm liegt unter meinem Kopf
und sein rechter umfängt mich.

Hoheslied 2,6

Denkt nicht an euren eigenen Vorteil,
sondern an die anderen und an das,
was für sie am besten ist.

1. Korinther 10,24

KAPITEL 6

Seine Versuchungen

Seit Michael und ich verheiratet sind, habe ich immer wieder dafür gebetet, dass Gott uns vor Versuchungen bewahrt. Zwar weiß ich nicht, ob es an meinen Gebeten lag, oder daran, dass wir uns bewusst gegen solche Dinge wappnen, doch auf jeden Fall haben wir einander noch keinen einzigen Augenblick Anlass zur Sorge gegeben. Und auch wenn die Hand Gottes weitaus mächtiger ist als unsere menschliche Selbstbeherrschung, so sind beide Voraussetzungen unverzichtbar.

In meiner Bekanntschaft gibt es mehrere Paare, die heute immer noch glücklich verheiratet sind, obwohl ein Partner Ehebruch begangen hat. Diese Beziehungen konnten jedoch nur überleben, weil die Frau intensiv betete und der Mann bereit war, sich Gott gegenüber zu öffnen und sich vom Heiligen Geist völlig verwandeln zu lassen. Nur durch Gebet, eine uneingeschränkte Hingabe an Gott und die Kraft des Heiligen Geistes werden solche Wunder möglich.

Der Mann einer meiner Freundinnen hatte zahlreiche Affären, bevor die beiden sich schließlich scheiden ließen. Jedes Mal handelte es sich bei dem Seitensprung um eine der »besten Freundinnen« meiner Bekannten. Zwar habe ich ihre Menschenkenntnis in Frage gestellt, doch ich habe keinen einzigen Augenblick an ihrem Glauben und ihrer Hingabe an Gott gezweifelt. Sie betete in vorbildlicher Weise für ihren Mann, aber wenn sich das Herz eines Menschen gegenüber jedem Impuls des Heiligen Geistes verschließt, geschieht trotzdem keine Veränderung — egal, wie intensiv wir beten.

Versuchungen gibt es in unserer Zeit überall, und wir wären sehr naiv, wenn wir uns vormachen würden, dass unser Mann niemals in der einen oder anderen Weise verführt werden könnte. In der Bibel steht: »Die Augen des Menschen wollen immer noch mehr« (Sprüche 27,20). Wenn das stimmt, müssen wir wachsam sein und uns gegen Versuchungen wappnen. Manche Leute haben eine Schwäche für Alkohol oder Drogen, während andere sich von Geld und Einfluss stark angezogen fühlen. Wieder andere haben Schwierigkeiten mit ungezügeltem Essen, Untreue oder Pornographie. Da Satan genau weiß, wo unsere Schwachpunkte liegen, schickt er uns genau die Versuchungen in den Weg, denen wir am wenigsten widerstehen können. Es geht also nicht darum, ob wir Versuchungen ausgesetzt sind, sondern wie wir darauf reagieren. Meiner Erfahrung nach können wir schwierige Situationen am besten bewältigen, indem wir intensiv beten. Wenngleich Ihre Fürbitte Ihren Mann nicht daran hindern wird, etwas zu tun, das er sich fest vorgenommen hat, so kann sie durchaus die Stimme der Versuchung dämpfen und seine Abwehrkräfte stärken. Durch Ihr Gebet können Sie es Ihrem Mann leichter machen, die richtigen Entscheidungen zu treffen.

Die Bibel sagt, dass Gott uns nicht in Versuchung führt, sondern dass unsere selbstsüchtigen Wünsche uns in die falsche Richtung ziehen. Unser Egoismus verführt uns zur Sünde und bewirkt den geistlichen Tod. Doch — »freuen darf sich, wer auf die Probe gestellt wird und sie besteht; denn Gott wird ihm den Siegeskranz geben, das ewige Leben, das er allen versprochen hat, die ihn lieben« (Jakobus 1,12). Gott möchte, dass wir schwierige Situationen bewältigen lernen und anschließend seinen Segen erleben. Es muss sich herausstellen, ob wir uns dafür entscheiden, Gottes Weg zu gehen, oder ob wir unseren selbstsüchtigen Wünschen folgen. Wenn wir Gott aufrichtig darum bitten, wird er uns helfen — egal, wie verzwickt die Lage ist, in der wir stecken.

Am allerbesten ist es, wenn wir anfangen zu beten, *bevor* wir in Versuchung geraten. Jesus forderte seine Jünger auf: »Betet darum, dass ihr in der kommenden Prüfung nicht versagt« (Lukas 22,40). Er ermahnte sie, wachsam zu bleiben, denn »der Geist in euch ist willig, aber eure menschliche Natur ist schwach« (Markus

14,38). Falls Ihr Mann auf einem bestimmten Gebiet Probleme hat, dann bitten Sie Gott, ihn mit den richtigen Gebetspartnern zusammenzubringen. Er sollte sich mit anderen Männern treffen, die ihn unterstützen, ermutigen und für ihn beten. Nichts reduziert die Kraft der Versuchung so sehr wie ein offenes Bekenntnis vor Gott und anderen Christen. Leider sind viele Männer sehr zurückhaltend, wenn es um dieses Thema geht, und damit lehnen sie genau die Unterstützung ab, die ihnen eine Niederlage ersparen würde.

Falls Sie intensiv für Ihren Mann gebetet haben und er trotzdem schwach geworden ist, dürfen Sie sich keine Vorwürfe machen. Ihr Mann ist für seine Entscheidungen selbst verantwortlich, und offenbar hat er eine schlechte Wahl getroffen. Paulus ermahnt uns in Galater 5,16-17: »Lebt aus der Kraft, die der Geist Gottes gibt; dann müsst ihr nicht euren selbstsüchtigen Wünschen folgen. Die menschliche Selbstsucht kämpft gegen den Geist Gottes und der Geist Gottes gegen die menschliche Selbstsucht: Die beiden liegen im Streit miteinander, so dass ihr von euch aus das Gute nicht tun könnt, das ihr doch eigentlich wollt.« Hören Sie trotzdem nicht auf, für Ihren Mann zu beten — auch wenn es Ihnen beinahe hoffnungslos erscheint. Ihr Mann wird immer wieder in Versuchung geraten, aber Gott möchte ihm einen Ausweg zeigen. Durch Ihre Fürbitte können Sie lauter Hinweisschilder aufstellen, die Ihren Mann schließlich doch noch in die richtige Richtung führen.

Falls Sie in Ihrer Ehe keine Probleme mit Versuchungen haben, seien Sie dankbar und beten Sie, dass es so bleibt.

Gebet

Herr, ich bitte dich, dass du meinem Mann die Kraft gibst, jeder Versuchung zu widerstehen. Hilf ihm, schlechte Gedanken zu verscheuchen, bevor sie sich in seinem Herzen einnisten und ihn beeinflussen. Führe ihn nicht in Versuchung, sondern erlöse ihn von Ehebruch, Pornographie, Drogen, Alkohol, Essstörungen, Spielsucht und Perversionen. Mach ihn stark, wo er schwach ist, und hilf ihm, die Dinge zu besiegen, die ihn kontrollieren wollen. Gib, dass er wie David sagen kann: »Ich befasse mich nicht mit Unheilsplänen. Gottes Gebote zu übertreten ist mir verhasst, niemand soll mir das nachsagen können« (Psalm 101,3).

Herr, du hast gesagt: »Wie eine Stadt ohne Schutzwall, so ist ein Mann ohne Selbstbeherrschung« (Sprüche 25,28). Ich bitte dich, dass mein Mann nicht von der Macht des Bösen überwältigt wird, sondern sich durch die Kraft Gottes aufrichten lässt. Umgib ihn mit einer unsichtbaren Mauer und beschütze ihn Tag und Nacht. Erfülle ihn mit deinem Heiligen Geist und reinige ihn von allem, was dir nicht gefällt. Schenke ihm neuen Mut, damit er gegen Satan Stellung bezieht und jede Versuchung zurückweist. Lass ihn das Böse verabscheuen und mit ganzer Kraft das Gute tun (Römer 12,9). Hilf ihm, aus der Kraft zu leben, die der Geist Gottes gibt, damit er seinen selbstsüchtigen Wünschen nicht folgen muss (Galater 5,16).

Kraft aus Gottes Wort

Wer der Versuchung erliegt, sollte niemals sagen: »Diese Versuchung kommt von Gott.« Gott lässt sich nicht zum Bösen verführen, und er verleitet auch niemanden zur Sünde. Jeder Mensch wird durch seine eigenen Begierden dazu verleitet, Böses zu tun. Wer seinen Begierden nachgibt, sündigt, und die vollzogene Sünde führt zum Tod.

Jakobus 1,13-15

Vergesst nicht, dass die Prüfungen, die ihr erlebt, die gleichen sind, vor denen alle Menschen stehen. Doch Gott ist treu. Er wird die Prüfung nicht so stark werden lassen, dass ihr nicht mehr widerstehen könnt. Wenn ihr auf die Probe gestellt werdet, wird er euch eine Möglichkeit zeigen, trotzdem standzuhalten.

1. Korinther 10,13

Unser Leben soll vorbildlich und ehrlich sein, damit es vor den Augen anderer Anerkennung findet. Wir wollen nicht an ausschweifenden Festen und Trinkgelagen teilnehmen, keinen Ehebruch begehen, nicht in sexueller Zügellosigkeit leben und uns auch nicht auf Streit und Eifersucht einlassen. Haltet euch an Jesus Christus, den Herrn, und lasst euer Leben von ihm bestimmen. Gebt euren Wünschen nicht so weit nach, dass ihr von euren Leidenschaften beherrscht werdet.

Römer 13,13-14

Menschen, die reich werden wollen, geraten nur in Versuchung und verstricken sich in so viele dumme und schädliche Wünsche, dass sie letztlich ins Verderben und in ihren eigenen Untergang stürzen.

1. Timotheus 6,9

Wenn ihr den Neigungen eurer sündigen Natur folgt, wird euer Leben die entsprechenden Folgen zeigen: Unzucht, unreine Gedanken, Vergnügungssucht, Götzendienst, Zauberei, Feindschaften, Streit, Eifersucht, Zorn, selbstsüchtigen Ehrgeiz, Spaltungen, selbstgerechte Abgrenzung gegen andere Gruppen, Neid, Trunkenheit, ausschweifenden Lebenswandel und dergleichen mehr. Ich wiederhole, was ich bereits gesagt habe, dass niemand, der ein solches Leben führt, das Reich Gottes erben wird.

Galater 5,19-21

KAPITEL 7

Seine Gedanken

Früher glaubte ich, dass Michaels innere Kämpfe darauf zurückzuführen seien, dass er eben ein begabter Musiker ist und wie alle Künstler manchmal »himmelhoch jauchzend« und dann wieder »zu Tode betrübt« ist. Von Zeit zu Zeit hört er in seinem Inneren Stimmen, die ihm einflüstern wollen: »Du bist ein Versager«, »Du bist nichts wert« oder »Das wirst du ganz bestimmt nicht schaffen«. Diese gemeinen Attacken haben jedoch überhaupt nichts mit der Realität zu tun, denn sie quälten ihn sogar in seinen erfolgreichsten und produktivsten Zeiten. Lange Zeit habe ich nicht begriffen, dass wir diese Kämpfe nicht einfach hinnehmen und uns damit abfinden müssen.

Allerdings ging mir irgendwann auf, dass Michaels Probleme mich selbst ganz genauso betrafen, da wir ja schließlich eine Einheit bilden. Ich durfte nicht länger mit ansehen, wie er diesen Gedanken hilflos ausgeliefert war, sondern musste an seiner Seite Stellung beziehen und sagen: »Diese Gedanken kommen nicht von Gott, sondern es sind Lügen des Teufels. Ich werde nicht länger zulassen, dass Michael zum Spielball seiner Stimmungen und Gedanken wird und unser gemeinsames Leben darunter leidet.«

Ich beschloss, den Versuch zu wagen und der Aufforderung in Epheser 6,11 zu folgen, in der es heißt: »Legt die Waffen an, die Gott euch gibt, dann können euch die Schliche des Teufels nichts anhaben.« Außerdem redet die Bibel davon, dass wir »zu jeder Zeit« beten und »für alle Gläubigen« Fürbitte leisten sollen (Epheser 6,18). Zu dieser Personengruppe gehört mein Mann ebenfalls, und daher betete ich in den darauf folgenden Monaten ganz intensiv für Michaels Gedanken. Der Erfolg ließ nicht lange auf sich warten und erstaunte mich nicht wenig: Michael konnte sein Denken nicht nur besser kontrollieren als früher, sondern ich konnte neue Attacken bereits im Vorfeld erkennen und sie bekämpfen, bevor die negativen Gedanken bei Michael Fuß fassen und ihn zu Boden drücken konnten. Als Michael merkte, dass Gott meine Gebete erhörte, wurde ihm immer deutlicher bewusst, dass es sich bei diesen negativen Gedanken um Lügen handelte, und er ließ sich immer weniger von ihnen beeinflussen.

Da ich im ganzen Land Vorträge halte, habe ich Frauen aus den unterschiedlichsten Gesellschaftsschichten kennen gelernt und dadurch festgestellt, dass dieses Problem beinahe allgegenwärtig ist. Offenbar werden sehr viele Männer von negativen Gedanken geplagt — unabhängig davon, aus welchem Hintergrund sie stammen und welches Temperament sie besitzen. Sogar der stärkste Mann kommt an den Punkt, an dem er erschöpft, niedergeschlagen oder verzweifelt ist. Häufig nehmen ihn Dinge in Anspruch, die ihn von Gott wegziehen, und er lässt sich von Satan einreden, dass seine Probleme nicht zu bewältigen seien. Seine Gedanken bestehen plötzlich fast nur noch aus Worten wie »hoffnungslos«, »zwecklos«, »Versager«, »unmöglich«, »zu spät« und »Warum sich überhaupt die Mühe machen?« Wir Frauen sollten dafür beten, dass unser Mann begreift, dass es sich bei diesen Gedanken um Lügen handelt, und dass ihm stattdessen folgende Begriffe durch den Kopf gehen: »Hoffnung«, »neue Möglichkeiten«, »gute Zukunftsaussichten«, »Erfolg« und »neuer Anfang«.

Die beiden mächtigsten Waffen gegen negative Gedanken sind das Wort Gottes und eine innere Haltung der Anbetung. In Hebräer 4,12 steht: »Das Wort Gottes ist lebendig, es ist eine wirkende Macht. Es ist schärfer als das schärfste beidseitig geschliffene Schwert. So wie ein Schwert tief einschneidet, die Gelenke durchtrennt und das Mark der Knochen freilegt, so dringt das Wort Gottes ins Innerste von Seele und Geist. Es deckt die geheimen Wünsche und Gedanken des Menschenherzens auf und hält über sie Gericht.« Indem Sie Gottes Wort aussprechen, entlarven Sie die Lügen Satans und berauben sie ihrer Kraft. Es wird nicht lange dauern, bis Sie die positiven Auswirkungen bemerken werden. Ich habe das unzählige Male getan, und Michael wird Ihnen bestätigen, dass Gottes Wort nicht ohne Wirkung geblieben ist. Zum Beispiel erinnere ich meinen Mann daran, dass »Gott uns nicht einen Geist der Feigheit gegeben hat, sondern den Geist der Kraft und der Liebe und der Besonnenheit« (2. Timotheus 1,7). Und ich sage ihm, dass ich dafür bete, dass Gott ihm Besonnenheit und eine klare Sicht der Realität schenkt.

Auch eine innere Haltung der Anbetung ist wichtig, da wir im Lobpreis die Gegenwart Gottes erleben. Wenn Gott uns begegnet, wird unser Leben verändert und unsere Verletzungen werden geheilt. Paulus beschreibt in Römer 1,21, wohin es führt, wenn wir Gott keine Ehre erweisen: »Obwohl sie Gott kannten, ehrten sie ihn nicht als Gott und dankten ihm nicht. Ihre Gedanken liefen ins Leere, und in ihren unverständigen Herzen wurde es finster.« Bestimmt wollen Sie nicht, dass die Gedanken Ihres Mannes ins Leere laufen und es in seinem Herzen finster wird. Loben Sie Gott daher ganz bewusst dafür, dass er die Gedanken Ihres Mannes in die richtige Richtung lenkt, und Sie werden bemerken, dass Ihr Mann sein Denken viel besser kontrollieren kann als vorher.

Depressionen, Bitterkeit, Zorn, Angst, Ablehnung, Hoffnungslosigkeit, Einsamkeit, Rebellion, Versuchungen und sogar viele Krankheiten beginnen in unseren Gedanken. Unser Leben kann von diesen Dingen beherrscht werden, falls wir unser Denken nicht vorher in den Griff bekommen. Gott hat uns gesagt, dass unsere eigenen Gedanken nicht notwendigerweise mit der Wahrheit übereinstimmen. »Die ganze Zeit über streckte ich einladend die Hände aus; aber dieses widerspenstige Volk will nichts von mir wissen. Sie folgen ihren eigenen Gedanken und gehen beharrlich ihre eigenen verkehrten Wege« (Jesaja 65,2). Deshalb sollten wir unser Denken dem Geist Gottes unterordnen, wie Paulus es in 1. Korinther 2,16 zum Ausdruck bringt: »Das ist der Geist, den wir empfangen haben: der Geist von Christus, dem Herrn.« Wir sollten dafür beten, dass unser Mann den Geist von Christus empfängt und seine Gedanken bewusst unter Gottes Herrschaft stellt. Gibt es jemanden, der dieses Gebet *nicht* nötig hätte?

Gebet

Herr, ich bitte dich, dass du die Gedanken meines Mannes mit deinem Schutz umgibst. Bewahre ihn vor den Angriffen des Feindes und hilf ihm, ganz genau zwischen deiner Stimme und anderen zu unterscheiden. Zeig ihm, wie er jeden Gedanken, der sich gegen Gott auflehnt, gefangen nehmen und dem Befehl von Christus unterstellen kann (2. Korinther 10,5). Bitte mach, dass er dein Wort und deine Wahrheit bereitwillig in sich aufnimmt, damit er lügnerische Gedanken aufdecken kann. Gib ihm Kraft, den Lügen zu widerstehen, und erinnere ihn daran, dass er den Geist Christi hat, und wo sie sich bereits in seinem Herzen eingenistet haben, bitte ich dich, sein Denken zu reinigen. Herr, du hast mir Vollmacht gegeben, »die ganze Macht des Feindes zunichte zu machen«, und deshalb befehle ich allen Lügengeistern im Name Jesu, sich von meinem Mann fern zu halten (Lukas 10,19). Ich spreche im Glauben aus, dass Gott meinem Mann einen Geist der Besonnenheit geschenkt hat. Er soll nicht von verwirrenden, unreinen oder niederdrückenden Gedanken gequält werden, sondern sich von Gott umwandeln lassen, damit sein ganzes Denken erneuert wird. Dann kann er sich ein sicheres Urteil bilden, welches Verhalten dem Willen Gottes entspricht, und weiß in jedem einzelnen Fall, was gut und gottgefällig und vollkommen ist (Römer 12,2).

Herr, mach meinen Mann stark durch die Verbindung mit dir (Epheser 6,10). Hilf ihm, sich keine Sorgen zu machen, sondern sich in jeder Lage an dich zu wenden und seine Bitten vor dich zu bringen. Lass ihn dankbar sein für das, was du ihm geschenkt hast. Dann wird der Frieden Gottes, der alles menschliche Begreifen weit übersteigt, sein Denken und Wollen im Guten bewahren, geborgen in der Gemeinschaft mit Jesus Christus (Philipper 4,6-7). Richte seine Gedanken grundsätzlich auf das, »was schon bei euren Mitmenschen als rechtschaffen, ehrbar und gerecht gilt, was rein, liebenswert und ansprechend ist, auf alles, was Tugend heißt und Lob verdient« (Philipper 4,8).

Kraft aus Gottes Wort

Wir sind zwar Menschen, doch wir kämpfen nicht mit menschlichen Mitteln. Wir setzen die mächtigen Waffen Gottes und keine weltlichen Waffen ein, um menschliche Gedankengebäude zu zerstören. Mit diesen Waffen zerschlagen wir all die hochtrabenden Argumente, die die Menschen davon abhalten, Gott zu erkennen. Mit diesen Waffen bezwingen wir ihre widerstrebenden Gedanken und lehren sie, Christus zu gehorchen.

2. Korinther 10,3-5

Vor allem aber behüte dein Herz,
denn dein Herz beeinflusst dein ganzes Leben.

Sprüche 4,23

Wenn du dich von deiner menschlichen Natur bestimmen lässt, führt das zum Tod. Doch wenn der Heilige Geist dich bestimmt, bedeutet das Leben und Frieden.

Römer 8,6

Doch in mir wirkt ein anderes Gesetz, das gegen meine Vernunft kämpft. Dieses Gesetz gewinnt die Oberhand und macht mich zum Sklaven der Sünde, die immer noch in mir ist.

Römer 7,23

Jesus antwortete: »Das wichtigste Gebot ist dies: ›Höre, o Israel! Der Herr, unser Gott, ist der einzige Herr. Und du sollst den Herrn, deinen Gott, von ganzem Herzen, von ganzer Seele, mit all deinen Gedanken und all deiner Kraft lieben.‹«

Markus 12,29-30

KAPITEL 8

Seine Ängste

Keiner kann bestreiten, dass es viele Dinge auf dieser Welt gibt, die uns Angst einjagen können. Doch wenn wir an nichts anderes mehr denken können und unser ganzes Leben davon beeinflussen lassen, sind wir zum Sklaven unserer Ängste geworden. Männer geraten häufig in diese Falle, weil sie sich oft Gedanken über die Zukunft machen. Sie fragen sich: »Was geschieht, wenn ich nicht genug Geld verdienen kann?«, »Was wäre, wenn meiner Frau und meinen Kindern etwas zustoßen würde?«, »Was ist, wenn ich eine schlimme Krankheit bekomme?«, »Was mache ich, wenn meine Firma pleite geht?«, »Was ist, wenn ich kein guter Vater sein kann?«, »Was wäre, wenn ich arbeitsunfähig werden sollte und meine Familie nicht mehr ernähren könnte?«, »Was soll ich tun, wenn man mich bedroht?«, »Was mache ich, wenn ich auf sexuellem Gebiet versage?«, »Was wäre, wenn andere den Respekt vor mir verlieren würden?«, »Was wäre mit meiner Familie, wenn ich einen Unfall hätte?«, oder: »Was geschieht, wenn ich sterbe?« Furcht kann einen Menschen »kopflos« machen (Psalm 48,6), und er kann »in Angst und Schrecken vergehen« (Psalm 78,33). Wenn wir von großer Furcht gepackt werden, verpassen wir möglicherweise den Segen, den Gott für uns bereit hält (Lukas 8,37).

Im zweiten Jahr unserer Ehe machten wir mit einer kleinen Gruppe aus unserer Gemeinde eine Rundreise durch Italien, Griechenland und Israel. Pastor Jack Hayford und seine Frau waren ebenfalls mit dabei. Michael ist noch nie gerne gereist, und als wir in Griechenland ankamen, war er bereits völlig erschöpft. Einige anstrengende Tage später erklärte er mir: »Ich fühle mich einfach scheußlich, und ich glaube, ich kann diese Tour nicht länger mitmachen.«

»Wovor hast du denn Angst?«, wollte ich wissen.

»Das weiß ich nicht«, sagte er. »Aber ich habe irgendwie das Gefühl, dass mein ganzes Leben aus den Fugen gerät, wenn ich nicht sofort nach Hause fahre.«

Obwohl es schon spät war, rief ich Jack auf seinem Zimmer an und teilte ihm mit, dass wir beide am nächsten Morgen abreisen würden. Ich bin sicher, dass Jack um diese Zeit bereits im Bett war, doch er sagte: »Einen Augenblick, ich bin sofort bei euch.«

Kurz darauf saßen wir zusammen und Michael erzählte ihm, was er empfand. Mitfühlend legte der Pastor seinen Arm um Michaels Schulter und begann, über Gottes unermesslich große Liebe zu sprechen.

»Gott hat dich als seinen Sohn angenommen, Michael«, erklärte er. »Wenn du in der Gegenwart dieses starken und liebenden Vaters bist, brauchst du vor nichts Angst zu haben.«

Anschließend betete er dafür, dass Michael tatsächlich begreifen würde, wie sehr er von seinem himmlischen Vater geliebt wird. Jack demonstrierte uns die Liebe eines Vaters, und seine vom Heiligen Geist inspirierte Freundlichkeit offenbarte meinem Mann eine neue Dimension der Liebe Gottes. Aufgrund dieses Erlebnisses konnte Michael seine Furcht überwinden, und wir blieben bei unserer Reisegruppe.

Allerdings besteht ein großer Unterschied zwischen einer spontanen Befürchtung, die uns dazu veranlasst, für eine spezielle Sache zu beten, und einer lähmenden Furcht, die uns förmlich den Atem nimmt. Durch Ihr Gebet wollen Sie natürlich nicht verhindern, dass der Heilige Geist Ihrem Mann besondere Impulse gibt, sondern Sie wollen Ihrem Mann den Rücken stärken, wenn er gegen seine Ängste ankämpft. Jesus erklärte: »Ich will euch sagen, wen ihr fürchten sollt: Fürchtet den, der nicht nur töten kann, sondern auch noch die Macht hat, euch ins ewige Verderben zu schicken. Ja, ich sage euch, den sollt ihr fürchten!« (Lukas 12,5). Die einzige Furcht, die wir haben sollten, ist die Ehrfurcht vor dem allmächtigen Gott.

Wenn wir Gott ernst nehmen, verspricht er, uns aus der Gewalt aller unserer Feinde zu retten (2. Könige 17,39), uns vor Unheil zu bewahren (Sprüche 16,6), uns zu beschützen (Psalm 33,18), uns sein Erbarmen zu schenken (Lukas 1,50), uns Reichtum, Ansehen und ein erfülltes Leben zu geben (Sprüche 22,4), uns keine Not leiden zu lassen (Psalm 34,10), uns ins Vertrauen zu ziehen und uns das Geheimnis seines Bundes zu enthüllen (Psalm 25,14), zu unseren Kindern und Enkeln zu halten (Psalm 103,17), uns Sicherheit zu geben (Sprüche 14,26), uns satt und zufrieden zu machen (Sprüche 19,23), unsere Lebensjahre zu vermehren (Sprüche 10,27) und unsere Bitten zu erfüllen (Psalm 145,19). Was sollten wir uns sonst noch wünschen? Beten Sie dafür, dass die tröstende, beschützende und bewahrende Liebe Gottes Ihren Mann umgibt und ihn von allen seinen Ängsten befreit.

Gebet

Herr, du hast in deinem Wort gesagt: »Die Liebe kennt keine Angst. Wahre Liebe vertreibt die Angst. Wer Angst hat und vor der Strafe zittert, bei dem hat die Liebe ihr Ziel noch nicht erreicht« (1. Johannes 4,17-18). Herr, ich bitte dich, dass deine Liebe ihr Ziel bei meinem Mann erreicht, so dass er nicht mehr von Ängsten geplagt wird. Ich weiß, dass du ihm »nicht einen Geist der Feigheit gegeben« hast, »sondern den Geist der Kraft und der Liebe und der Besonnenheit« (2. Timotheus 1,7). Im Namen Jesu bitte ich dich, dass du meinen Mann von jeder Furcht befreist. Lass dein Wort jede Faser seines Wesens durchdringen und ihn felsenfest davon überzeugen, dass deine Liebe größer ist als alles andere und dass nichts ihn von deiner Liebe trennen kann.

Ich bete dafür, dass mein Mann dich als seinen himmlischen Vater anerkennt, dessen Liebe nie aufhört, dessen Stärke unvergleichlich ist und in dessen Gegenwart es nichts zu fürchten gibt. Erlöse ihn von seinen Ängsten und lege die Ehrfurcht vor dir in sein Herz (Jeremia 32,40). Zeig ihm den richtigen Weg, damit er in Treue zu dir sein Leben führt! Lass es seine einzige Sorge sein, dich zu ehren und dir zu gehorchen! (Psalm 86,11). Hilf ihm, dass er sich nie von anderen Menschen einschüchtern lässt, sondern mutig aufsteht und sagt: »Der Herr steht mir bei; nun fürchte ich nichts mehr. Was könnte ein Mensch mir schon tun?« (Hebräer 13,6). Er soll erleben, dass du deine Güte den Menschen zuwendest, die dir gehorchen (Psalm 31,20).

Ich spreche meinem Mann zu: »Mein Beistand wird dein Schutz sein. Du brauchst keine Not zu fürchten, Angst und Schrecken dürfen sich dir nicht nahen« (Jesaja 54,14). »Du musst keine Angst mehr haben vor Gefahren und Schrecken bei Nacht, auch nicht vor Überfällen bei Tag, vor der Seuche, die im Dunkeln zuschlägt, oder dem Fieber, das am Mittag wütet« (Psalm 91,5-6).

Gott, erfülle meinen Mann mit deinem Geist, »dem Geist, der Weisheit und Einsicht gibt, der sich zeigt in kluger Planung und in Stärke, in Erkenntnis und Ehrfurcht vor dem Herrn« (Jesaja 11,2).

Kraft aus Gottes Wort

Denn der Engel des Herrn beschützt
die, die ihm gehorchen, und rettet sie.
Psalm 34,8

Ich betete zum Herrn, und er antwortete mir
und befreite mich von allen meinen Ängsten.
Psalm 34,5

Auch wenn ich durch das dunkle Tal des Todes gehe,
fürchte ich mich nicht, denn du bist an meiner Seite.
Dein Stecken und Stab schützen und trösten mich.
Psalm 23,4

Fürchte dich nicht, denn ich bin bei dir.
Sieh dich nicht ängstlich nach Hilfe um,
denn ich bin dein Gott:
Meine Entscheidung für dich steht fest, ich helfe dir.
Ich unterstütze dich, indem ich mit meiner
siegreichen Hand Gerechtigkeit übe.

Jesaja 41,10

Der Herr ist mein Licht und mein Heil –
vor wem sollte ich mich fürchten?
Der Herr beschützt mich vor Gefahr –
vor wem sollte ich erschrecken?

Psalm 27,1

KAPITEL 9

Seine Berufung

Es gibt einen Grund, weshalb wir auf dieser Welt sind, denn Gott hat für jeden Einzelnen von uns einen bestimmten Plan. Allgemein ausgedrückt, sollen wir durch unser Leben Gott verherrlichen und seinen Willen tun. Wie das jedoch für uns persönlich aussieht, ist bei jedem Einzelnen unterschiedlich. Daher sollte sich Ihr Mann darüber klar werden, was Gott mit ihm vorhat. Er muss felsenfest davon überzeugt sein, dass er nicht rein zufällig auf der Welt ist, sondern dass Gott ihn aus einem ganz speziellen Grund geschaffen hat. Erst, wenn er Gottes Plan für sein Leben herausgefunden hat und die Ziele anstrebt, die Gott ihm gesteckt hat, wird er echte Erfüllung finden. Und davon werden Sie als seine Frau ebenfalls profitieren, denn wenn Ihr Mann glücklich ist, bekommt Ihre Beziehung wieder neuen Schwung.

Sollte ich in den vergangenen vier Jahrzente meiner Ehe irgend-eine Erkenntnis gewonnen haben, dann ist es wohl die, dass ich meinen Mann nicht mit Druck dazu bringe, anders zu sein. Allerdings kann ich dafür beten, dass *Gott* ihn verändert. Ich kann mich im Gebet dafür einsetzen, dass das Leben meines Mannes nach Gottes Vorstellungen geformt wird, anstatt nach menschlichen Maßstäben. Seine Zukunft hängt davon ab, ob er Gottes Plan für sein Leben erkennt, so wie Paulus es in seinem Brief an Timotheus ausgedrückt hat: »Er hat uns gerettet und uns dazu berufen, ihm ganz als sein Eigentum zu gehören — nicht wegen unserer guten Taten, sondern aus seinem eigenen freien Entschluss. Ihm gehören wir aus reiner Gnade, wie er sie uns durch Jesus

Christus geschenkt hat schon vor aller Zeit« (2. Timotheus 1,9). Für Ihren Mann gilt außerdem: »Durch Christus haben wir Anteil bekommen an dem künftigen Heil. Dazu hat Gott uns von Anfang an bestimmt nach seinem Plan und Willen — er, der alle Dinge bewirkt« (Epheser 1,11). Beten Sie dafür, dass Ihr Mann den Ruf Gottes vernimmt und seine eigenen Ziele und Wünsche dem Willen Gottes unterstellt.

Wenn ein Mann nicht weiß, welchen Plan Gott für sein Leben hat, merkt man ihm eine innere Unruhe an. Man hat das Gefühl, dass bei dieser Person irgendetwas nicht stimmt, obwohl man nicht genau sagen kann, was es ist. Sobald man dagegen in der Nähe eines Mannes ist, der in seiner Berufung lebt und das tut, wozu Gott ihn geschaffen hat, spürt man die innere Sicherheit und Zuversicht, die dieser Mann ausstrahlt. Was empfinden Sie, wenn Sie über die Lebensziele Ihres Mannes nachdenken? Werden Sie unruhig, weil er ziel- und planlos lebt und keine Erfüllung findet?

Falls es so ist, dann beten Sie: »Herr, bitte zeig meinem Mann, wozu du ihn berufen hast, und ebne ihm den Weg, damit er in die richtige Richtung geht.«

Wenn Sie auf diese Weise für Ihren Mann beten, heißt das nicht, dass Gott ihn auf einmal am Schlafittchen packen und mitten in etwas ganz Anderes versetzen wird. Es *kann* passieren, aber meistens findet die Veränderung im Bewusstsein unseres Mannes statt. Ich habe einen Bekannten namens David, der jahrelang in einer Fabrik arbeitete und Flugzeuge baute. Als er den Ruf Gottes hörte, begriff er, dass er Teenagern aus schlechter gestellten Familien helfen sollte. Gleichzeitig war ihm klar, dass er seinen Beruf nicht aufzugeben brauchte, um Gottes Ruf zu folgen. Mit dem Geld, das er verdiente, konnte er seine Familie ernähren und hatte trotzdem noch genügend freie Zeit übrig, um sich für benachteiligte Jugendliche einzusetzen. Er organisierte Essensausgaben an bedürftige Familien, kostenlose Konzerte für Teenager aus schlechten wirtschaftlichen Verhältnissen, Missionseinsätze und Vermittlungsgespräche zwischen verfeindeten Straßenbanden. Wahrscheinlich gibt es kaum einen anderen Mann, der so viel Frieden in seiner Stadt gestiftet hat wie David. Was er tut, ist ganz sicher nicht leicht, doch es verschafft ihm eine tiefe innere Erfüllung. Das Bewusstsein seiner Berufung teilt sich den Menschen in seiner Umgebung mit, und obwohl er eher schmächtig gebaut ist, kommt es den Leuten so vor, als hätten sie einen Riesen vor sich. Davids Frau, Priscilla, weiß ebenfalls, wozu Gott ihren Mann berufen hat, und sie unterstützt ihn mit allen ihren Kräften.

Egal, wie Gottes Plan für Ihren Mann aussieht — Sie als seine Frau gehören auf jeden Fall dazu. Falls Sie nicht aktiv daran beteiligt sind, sollten Sie ihn zumindest im Gebet unterstützen und ihn ermutigen, wo Sie nur können. Manche Frauen halten ihrem Mann den Rücken frei, indem sie sich um den Haushalt kümmern, die Kinder erziehen und sich ihrem Mann widmen, wenn er zu Hause ist. Andere Frauen wiederum übernehmen eine aktive Rolle und arbeiten Seite an Seite mit ihrem Mann. In keinem der beiden Fälle verlangt Gott jedoch von Ihnen, dass Sie Ihre eigene Persönlichkeit aufgeben. Gott hat auch für Sie eine ganz spezielle Berufung, aber sie wird sich mit den Lebenszielen Ihres Mannes vereinbaren lassen. Die Dinge, zu denen Gott Sie beide berufen hat, werden nicht in unlösbarem Konflikt stehen, da Gott nicht Chaos, Verwirrung oder Streit stiftet. »Alles, was auf der Erde geschieht, hat seine von Gott bestimmte Zeit«, heißt es in Prediger 3,1. Sie können sich darauf verlassen, dass Gottes Timing immer perfekt ist, und daher wird Ihre persönliche Berufung der Berufung Ihres Mannes niemals im Wege stehen, wenn Sie sich beide dem Willen Gottes unterordnen.

Falls Ihr Mann seine Berufung bereits erkannt hat und Gott gehorcht, müssen Sie damit rechnen, dass Satan in seinem Herzen immer wieder Zweifel säen wird — vor allem dann, wenn erhoffte Erfolge auf sich warten lassen oder seine Vision noch nicht so klar umrissen ist. Durch Ihr Gebet können Sie gegen die Entmutigung ankämpfen und die Zweifel aus dem Herzen Ihres Mannes vertreiben. Beten Sie dafür, dass er Gottes Reden versteht und an seiner Berufung festhält. Ihre Fürbitte kann dazu beitragen, dass Ihr Mann ein zielbewusstes und erfülltes Leben führt.

Gebet

Herr, ich bitte dich darum, dass mein Mann sieht, welchen Plan du mit seinem Leben hast. Hilf ihm zu verstehen, wer er in Christus ist, und schenke ihm die feste Gewissheit, dass er nicht grundlos auf dieser Welt ist. Öffne sein inneres Auge, damit er sieht, zu welch großartigem Ziel du ihn berufen hast (Epheser 1,18).

Herr, wenn du uns rufst, gibst du uns auch die nötigen Voraussetzungen, damit wir deinem Ruf folgen können. Schenke meinem Mann die Kraft, so zu leben, wie es seiner Berufung entspricht, und mach ihn zu der Person, die du dir vorgestellt hast. Erinnere ihn immer wieder daran, wozu du ihn berufen hast, und bewahre ihn davor, sich in unwesentlichen Dingen zu verlieren. Verhindere bitte, dass er sich durch Entmutigung von deinen Zielen abbringen lässt, und hilf ihm, seinen Blick immer wieder in die richtige Richtung zu lenken. Gib ihm Geduld, dass er auf dein perfektes Timing warten kann. Bitte lass die Wünsche seines Herzens immer im Einklang mit deinem Willen stehen, und gib ihm ein offenes Ohr für dein Reden.

Kraft aus Gottes Wort

Ich wünschte, jeder könnte unverheiratet leben,
wie ich es tue. Aber wir sind nicht alle gleich.
Gott schenkt manchen die Gabe der Ehe
und anderen die Gabe, unverheiratet zu leben.

1. Korinther 7,7

Nehmt das Leben an, in das der
Herr euch gestellt hat, und lebt so weiter,
wie es war, als Gott euch berufen
hat. So lauten meine Anweisungen für alle Gemeinden.

1. Korinther 7,17

Wir hören nicht auf, für euch zu beten,
dass unser Gott euch für das Leben
bereit macht, zu dem er euch berufen
hat. Und wir beten, dass Gott eure guten
Absichten und das, was ihr aus dem
Glauben heraus tut, mit seiner Kraft erfüllt.

2. Thessalonicher 1,11

Und bitte den Gott unseres
Herrn Jesus Christus, den Vater der
Herrlichkeit, euch den Geist der Weisheit
und Einsicht zu schenken, damit
eure Erkenntnis von Gott immer größer
wird. Ich bete, dass eure Herzen hell erleuchtet werden,
damit ihr die wunderbare Zukunft, zu der er euch berufen
hat, begreift und erkennt, welch
reiches und herrliches Erbe er den
Gläubigen geschenkt hat.
Ich bete, dass ihr erkennen könnt,
wie übermächtig groß seine Kraft ist,
mit der er in uns, die wir an ihn glauben, wirkt.

Epheser 1,17-19

Er erfülle dir, was dein Herz wünscht,
und lasse deine Pläne gelingen.

Psalm 20,5

KAPITEL 10

Seine Entscheidungen

Einmal ließ Michael sich auf ein Geschäft ein, von dem er mir erst erzählte, als das Projekt bereits angelaufen war. Nachdem ich davon erfahren hatte, überfiel mich sofort ein ungutes Gefühl. Zwar hörte sich alles ganz prima an und Michael hatte tolle Pläne geschmiedet, aber irgendwie fand ich über dieser Angelegenheit keinen inneren Frieden. Und je mehr ich für dieses Geschäft betete, desto stärker wurde meine Unruhe. Als ich Michael gegenüber erwähnte, was ich empfand, versuchte er sich zu verteidigen und beklagte sich: »Du traust mir nicht zu, dass ich die richtigen Entscheidungen treffe.« Anschließend sagte er mir klipp und klar, dass er dieses Geschäft durchziehen und keine Einwände dagegen hören wolle.

Jetzt blieb mir nur noch eine einzige Möglichkeit — das Gebet — und ich machte eifrig davon Gebrauch. Immer wieder sagte ich zu Gott: »Bitte zeig mir doch, ob ich Unrecht habe, Herr. Ich würde mich wirklich freuen, wenn dieses Projekt Erfolg hätte, denn Michaels Ideen sind einfach großartig. Aber falls die Sache tatsächlich einen Haken hat, dann warne meinen Mann bitte, bevor es zu spät ist. Öffne ihm die Augen und verhindere, dass das Geschäft zustande kommt.«

Im allerletzten Moment — kurz bevor die Verträge unterzeichnet werden sollten — wurde Michael plötzlich auf einige Vorfälle aufmerksam, die die wahren Absichten seiner Geschäftspartner enthüllten. Gott zeigte ihm, was auf ihn zukommen würde, und das Projekt wurde in letzter Minute abgeblasen. Obwohl es Michael damals nicht leicht fiel, diese Tatsache zu akzeptieren, ist er heute dankbar, dass ihm viel Kummer erspart geblieben ist.

Als ich einige Zeit später an diesem Buch schrieb, fragte ich meinen Mann, auf welchen Gebieten er meine Gebete am meisten schätzt. Darauf antwortete er unter anderem, dass meine Fürbitte ihm dabei helfe, die richtigen Entscheidungen zu treffen. »Sobald ich mit schwierigen Entscheidungen konfrontiert war und zwischen mehreren Alternativen wählen musste, haben deine Gebete mir die Augen geöffnet und mich daran gehindert, irgendwelche Knebelverträge zu unterschreiben«, erklärte er.

Wir müssen immer daran denken, dass jeder Mensch davon überzeugt ist, dass er das Richtige tut. »Der Mensch hält alles, was er tut, für einwandfrei« (Sprüche 21,2), doch Gott allein kann uns das richtige Urteilsvermögen schenken. Wenn wir ihn darum bitten, wird er uns Weisheit geben, die uns zum Erfolg verhelfen wird (Prediger 10,10). Kluge Menschen lernen aus ihren Fehlern (Sprüche 15,31), und wir möchten doch ganz bestimmt, dass unser Mann weise handelt.

Das Gegenteil eines klugen Menschen ist ein Dummkopf, von dem die Bibel sagt, dass er seinem eigenen Kopf folgt (Sprüche 28,26). Er weiß einen guten Rat nicht zu schätzen (Sprüche 23,9), und sagt überall seine Meinung, ohne etwas von dem jeweiligen Gesprächsthema zu verstehen (Sprüche 18,2). Ein Dummkopf streitet gerne (Sprüche 20,3), er handelt unbeherrscht und überschätzt sich (Sprüche 14,16). Da ein dummer Mensch nicht in der Lage ist, die Folgen seines Handelns vorher abzuwägen, kann er keine klugen Entscheidungen treffen. Sollte Ihr Ehemann in diese Kategorie gehören, müssen Sie dafür beten, dass Gott ihm Weisheit schenkt.

Falls Ihr Mann jedoch im Großen und Ganzen vernünftig handelt und nur gelegentlich eine Dummheit macht, dürfen *Sie* ihm auf keinen Fall den Kopf zurechtsetzen! Nur Gott kann ihm klar machen, wo er falsch gehandelt hat, und Ihre Aufgabe ist es, für Ihren Mann zu beten und ihn zu lieben. In Sprüche 9,10 steht: »Den Herrn ernst nehmen ist der Anfang aller Weisheit. Gott, den Heiligen, kennen ist Einsicht.« Das heißt also, dass Sie in erster Linie dafür beten sollten, dass Ihr Mann Gott ernst nimmt und danach strebt, ihn besser kennen zu lernen. Außerdem sollten Sie Gott bitten, dass Ihr Mann bei den richtigen Personen Rat sucht und nicht »dem Beispiel gewissenloser Sünder folgt«, wie es in Psalm 1,1 heißt. Solange Sie im Gebet dafür eintreten, dass Ihr Mann weise handelt und sich von klugen Leuten beraten lässt, können Sie darauf vertrauen, dass Gott jede Entscheidung Ihres Mannes zum Guten wenden wird — selbst wenn sie falsch war!

Da unser Leben in vielerlei Hinsicht von den Entscheidungen unseres Partner geprägt wird, sollten wir dafür beten, dass unser Mann die richtigen Entscheidungen trifft.

Gebet

Herr, bitte erfülle meinen Mann mit Ehrfurcht vor dir und schenke ihm Weisheit für alle Entscheidungen, die vor ihm liegen. Hilf ihm, dich immer ernst zu nehmen und danach zu streben, dich zu erkennen. Gib ihm das richtige Urteilsvermögen, damit er kluge Entscheidungen treffen kann und nicht unvernünftig handelt. Befreie ihn von jedem Starrsinn und schenke ihm die Fähigkeit, seine Fehler schnell einzusehen und zu korrigieren. Öffne ihm die Augen, damit er die Folgen einer Tat schon im Voraus abwägen und sich richtig entscheiden kann.

Ich bitte darum, dass er gute Ratschläge annehmen kann und nicht unbelehrbar ist. Gib ihm die Kraft, sich bösen Plänen zu widersetzen und in allen Dingen dem Reden deines Geistes zu gehorchen. Herr, ich weiß, dass Menschen den Kopf voller Pläne haben, »doch nur Gottes Beschluss wird ausgeführt« (Sprüche 19,21). Erinnere sein Gewissen auch nachts an deinen Rat (Psalm 16,7), und lass ihn am nächsten Morgen die richtige Entscheidung treffen. Bewahre ihn davor, dass er den Impulsen seiner menschlichen Selbstsucht folgt oder sich auf seine eigene Klugheit verlässt. Lass ihn erkennen: »Was die Menschen für Tiefsinn halten, ist in den Augen Gottes Unsinn« (1. Korinther 3,19). Mach, dass er sich nie vom richtigen Weg abbringen lässt, sondern seinen Blick auf dich richtet und auf deine Stimme hört.

Kraft aus Gottes Wort

Wer weise ist, höre auf diese Sprüche
und gewinne noch an Weisheit hinzu;
wer klug ist, suche sich weisen Rat, damit
er diese Sprüche, Gleichnisse, weisen Worte
und Rätsel verstehen kann.

Sprüche 1,5-6

Bilde dir nichts auf deine Weisheit ein,
sondern fürchte den Herrn und meide das Böse.

Sprüche 3,7

Die Ehrfurcht vor dem Herrn ist
der Anfang der Erkenntnis. Nur Narren
verachten Weisheit und Selbstbeherrschung.

Sprüche 1,7

Denn sie hassen die Erkenntnis und
habenkeine Ehrfurcht vor dem Herrn.
Sie wollen meinen Rat nicht und
hören nicht auf meine Ermahnungen.
So sollen sie die Früchte ihres Handelns ernten
und müssen mit ihren eigenen Ratschlägen leben.

Sprüche 1,29-31

Wer sich weigert, seinen Verstand
zu gebrauchen, wird bei den Toten enden.

Sprüche 21,16

KAPITEL 11

Seine Gesundheit

Jahrelang kümmerte sich mein Mann wenig darum, ob er genügend Bewegung hatte. Obwohl ich meine ganze Überzeugungskraft zu Hilfe nahm, ihm mahnende Zeitungsartikel vor die Nase hielt und ihm immer wieder vorjammerte, dass ich nicht vor der Zeit zur Witwe werden wollte, stießen alle meine Bemühungen auf taube Ohren. Eines Tages erinnerte ich mich schließlich daran, dass es ja noch einen letzten Ausweg gab. Da meine Gebete auf anderen Gebieten Erfolg gehabt hatten, konnte es doch nicht schaden, es auch in diesem Bereich einmal zu probieren. Also nahm ich Gottes Anweisung, »Sei still und bete«, ganz wörtlich und flehte Gott an, Michael die Motivation zu geben, sich regelmäßig zu bewegen. Ich betete mehrere Monate lang dafür, ohne dass sich irgendetwas veränderte, doch eines Morgens hörte ich plötzlich ein ungewohntes Geräusch aus einem anderen Zimmer dringen. Neugierig folgte ich den merkwürdigen Lauten und entdeckte zu meiner Überraschung, dass mein Mann auf unserem Laufband trainierte. Ich sagte kein Wort, und seit jenem Morgen benutzt er dieses Gerät an drei Tagen in der Woche und hebt zusätzlich noch Gewichte. Als Michael irgendwann äußerte, dass er sich viel wohler fühle und wünschte, er hätte früher mit diesem Training angefangen, legte ich eine bemerkenswerte Zurückhaltung an den Tag und formte nicht einmal lautlos die Worte: »Ich habe es dir ja gesagt!« Bis heute weiß Michael nicht, dass ich für diesen speziellen Punkt gebetet habe.

Sie dürfen die Gesundheit Ihres Mannes nie als etwas Selbstverständliches betrachten — ganz egal, wie alt Ihr Mann ist und in welcher körperlichen Verfassung er sich befindet. Beten Sie dafür, dass er mit seinem Körper richtig umgeht und sich genügend Bewegung verschafft. Sollte er krank werden, bitten Sie Gott, ihn zu heilen. Ich habe oft genug erlebt, dass Gott mich oder andere Menschen gesund gemacht hat, um felsenfest davon überzeugt zu sein, dass Gott heute noch genau derselbe ist wie früher. Als Gott zum Volk Israel gesagt hat: »Ich, der Herr, bin euer Arzt!« (2. Mose 15,26), hat er es auch wirklich so gemeint, und aus diesem Grund darf ich wie Jeremia zu ihm kommen und ihn vertrauensvoll bitten: »Heile du mich, Herr, dann werde ich wieder gesund!« (Jeremia 17,14). Ich glaube, dass Gott auch das Versprechen einlösen wird, das in Jeremia 30,17 steht: »Ich werde deine Wunden heilen!«

Jesus »hat unsere Leiden von uns genommen und unsere Krankheiten weggeschafft« (Matthäus 8,17). »Er rief seine zwölf Jünger zu sich und gab ihnen die Vollmacht, . . . alle Krankheiten und Leiden zu heilen« (Matthäus 10,1). Außerdem erklärte Jesus: »Die Glaubenden aber werden an folgenden Zeichen zu erkennen sein: . . . Kranke, denen sie die Hände auflegen, werden gesund« (Markus 16,17-18). Ich bin davon überzeugt, dass Gott uns gerne heilen möchte und nur darauf wartet, dass wir uns vertrauensvoll an ihn wenden (Matthäus 9,22).

Mein Mann hat mir erzählt, dass meine Fürbitte für seine Gesundheit ihm besonders wichtig war, als er Mitte der achtziger Jahren einige Knoten an seinem Körper entdeckte. Der Arzt vermutete, dass es sich um Krebs handelte, und da ein zweiter Arzt diesen Verdacht bestätigte, wurde eine Biopsie vorgenommen. In den Tagen, als wir auf das Ergebnis der Untersuchung warteten, geriet Michael immer wieder in Versuchung, sich Sorgen zu machen. Die Tatsache, dass ich dafür betete, dass Gott ihn gesund erhalten und ihm inneren Frieden schenken würde, half ihm, diese schwierige Zeit zu überstehen. Schließlich erfuhren wir zu unserer großen Erleichterung, dass es kein Krebs war. Michael ließ die Knoten entfernen und hat seitdem nie wieder solche Beschwerden gehabt.

Auch wenn wir vertrauensvoll beten, müssen wir uns immer wieder ins Gedächtnis rufen, dass Gott derjenige ist, der die letzte

Entscheidung trifft. In Prediger 3,1 heißt es, dass alles, was auf der Erde geschieht, seine von Gott bestimmte Zeit hat — auch Leben zu retten (Prediger 3,3). Falls Sie also für Heilung beten und nichts geschieht, dürfen Sie sich selbst keinen Vorwurf machen. Manchmal benützt Gott körperliche Gebrechen, um unsere Aufmerksamkeit zu gewinnen, damit er zu uns reden kann. Beten Sie unermüdlich in dem Bewusstsein, dass Gott weiß, was für Sie und Ihren Mann am besten ist.

Dasselbe gilt auch, wenn wir dafür beten, dass Gott einen Menschen vor dem Tod bewahrt. Die Bibel sagt uns, dass es auch eine »Zeit zu sterben« gibt (Prediger 3,2), und wir wissen nicht, wann dieser Zeitpunkt gekommen ist. Gott ist die letzte Instanz, und deshalb müssen wir seine Entscheidungen akzeptieren, ohne uns dagegen aufzulehnen oder zornig zu werden. Beten Sie dafür, dass Ihr Mann gesund wird und bleibt, aber befehlen Sie ihn gleichzeitig Gottes Allmacht und Güte an.

Gebet

Herr, ich bitte dich, dass du meinen Mann mit deiner heilenden Kraft berührst. Lass jedes Organ seines Körpers so funktionieren, wie du es geplant hast, und wenn irgendetwas aus dem Gleichgewicht geraten ist, dann stell bitte den optimalen Zustand wieder her. Heile ihn von jeder Krankheit, jedem Leiden und jeder körperlichen Schwäche. Mach ihn stark genug für seine tägliche Arbeit und lass ihn an jedem Morgen ausgeruht, erholt und erfrischt aufwachen. Vor allen Dingen bitte ich dich, dass du ihm ein gesundes Herz schenkst, das ihm nie irgendwelche Schwierigkeiten macht.

Herr, bitte weck in meinem Mann das Verlangen, sich genügend zu bewegen, sich richtig zu ernähren und die Dinge zu vermeiden, die seiner Gesundheit schaden würden. Lass ihn erkennen, dass sein Körper ein Tempel Gottes ist, den er nicht zugrunde richten darf (1. Korinther 3,16-17). Schenke ihm den Wunsch, sich dir als lebendiges Opfer darzubringen, an dem du Freude hast (Römer 12,1).

Wenn er krank ist, bitte ich dich, dass du ihn wieder ganz gesund machst und ihn bei Kräften erhältst. Erfülle ihn mit deiner Freude und mach ihn stark. Lass ihn voller Überzeugung sagen: »Herr, mein Gott, ich schrie zu dir um Hilfe, und du hast mich wieder gesund gemacht« (Psalm 30,3). Danke, Herr, dass du unser Arzt bist. Ich bitte dich, dass du meinem Mann ein langes und gesundes Leben schenkst und dass er, wenn er sterben muss, Frieden hat und keine schlimmen Schmerzen leiden muss. Danke, Herr, dass du ihn in deiner Gegenwart willkommen heißen und ihn keine Minute früher zu dir rufen wirst, als du es in deiner Güte beschlossen hast.

Kraft aus Gottes Wort

Mit meiner Seele will ich den Herrn
loben und das Gute nicht vergessen, das er für
mich tut. Er vergibt mir alle meine Sünden
und heilt alle meine Krankheiten.

Psalm 103,2-3

Da schrien sie zum Herrn in
ihrer Not, und er rettete sie aus ihrer Verzweiflung.
Er sprach ein Wort, und sie wurden gesund –
so rettete er sie an der Schwelle des Todes.

Psalm 107,19-20

Geh noch einmal zurück zu Hiskia,
dem Fürsten meines Volkes. Sag ihm: So spricht der
Herr, der Gott deines Stammvaters David:
Ich habe dein Gebet gehört
und deine Tränen gesehen. Ich will
dich gesund machen. In drei Tagen
wirst du in das Haus des Herrn gehen.

2. Könige 20,5

Wenn du so handelst, wird dein
Licht aufleuchten wie die Morgenröte.
Deine Heilung wird schnelle Fortschritte
machen. Deine Gerechtigkeit
geht dir dann voraus und die Herrlichkeit
des Herrn folgt dir nach.

Jesaja 58,8

Dennoch soll es geschehen, dass ich
sie verbinden und ihre Wunden heilen
werde. Ja, Jerusalem soll wieder heil
werden, und ich will ihnen die Fülle
von Frieden und Wohlstand zurückgeben.

Jeremia 33,6

KAPITEL 12

Seine Sicherheit

Wie oft haben wir schon Berichte davon gehört, dass jemand sich in großer Gefahr befand und auf wundersame Weise gerettet wurde. Später stellte sich dann heraus, dass genau in dem kritischen Augenblick für diese Person gebetet wurde. Diese Zeugnisse sollten uns zu denken geben, denn um uns herum lauern viele Gefahren. Nur Gott weiß, welche Fallen der Teufel uns stellen möchte, um unser Leben durch Unfälle, Krankheiten oder Gewalttaten zu zerstören. Obwohl es beinahe keinen Ort gibt, an dem wir völlig sicher sein können — »Wer Gott missachtet, lauert darauf, die umzubringen, die Gott gehorchen« —, hat Gott uns versprochen: »Doch der Herr lässt nicht zu, dass sie in Mörderhände fallen« (Psalm 37,32-33). In Sprüche 30,5 steht: »Alles, was Gott sagt, ist unzweifelhaft wahr. Wer in Gefahr ist und zu ihm flieht, findet bei ihm immer sicheren Schutz.« Durch unser Gebet können wir dazu beitragen, dass unser Ehemann bei Gott Schutz findet.

Ich habe schon immer dafür gebetet, dass Gott meinen Mann und meine Kinder bewahrt, während sie im Auto unterwegs sind. Eines Morgens erhielt ich einen Anruf, kurz nachdem Michael das Haus verlassen hatte, um unseren Sohn zur Schule zu bringen. »Wir hatten gerade einen Unfall«, berichtete er, »aber du brauchst dir keine Sorgen zu machen, Christopher und mir geht es gut.«

Sofort fuhr ich zu der Unfallstelle und dankte Gott während der ganzen Fahrt dafür, dass er meine jahrelangen Gebete erhört und meinen Mann und meinen Sohn beschützt hatte. Als ich ankam und das demolierte Auto betrachtete, bekam ich nachträglich noch einen riesigen Schrecken. Michaels kleiner Sportwagen, gegen den ich immer schon ein geheimes Misstrauen gehegt hatte, war von einem viel größeren Auto an eine Betonmauer am Straßenrand gedrückt worden. Das Fahrzeug war ein Totalschaden, und dass die beiden Insassen nicht verletzt worden waren, ließ sich nur dadurch erklären, dass Gott seine schützende Hand über sie gehalten hatte. Zwar hatten sie von den Sicherheitsgurten blaue Flecken am Brustkorb und an der Schulter bekommen, doch sie hätten weitaus schlimmer verletzt oder sogar getötet werden können. Ich bin fest davon überzeugt, dass Gott meine vielen Gebete erhört und nicht zugelassen hat, dass meiner Familie etwas zustieß. (Leider hatte meine Bitte, dass Michael sich keinen Sportwagen mehr kauft, bisher noch keinen Erfolg.)

In unserer Gebetsgruppe beten wir regelmäßig dafür, dass Gott unsere Ehemänner bewahrt, während sie im Auto, im Flugzeug oder zu Fuß unterwegs sind. Außerdem bitten wir Gott, sie bei ihrer täglichen Arbeit zu beschützen. Wir brauchen uns natürlich nicht jedes erdenkliche Risiko auszumalen, sondern können Gott einfach bitten, unsere Männer vor jeder Gefahr zu bewahren. In Psalm 91,11-12 steht: »Gott hat seinen Engeln befohlen, dich zu beschützen, wohin du auch gehst. Sie werden dich auf Händen tragen, damit du nicht über Steine stolperst.« Natürlich sind wir als gläubige Menschen nicht davor gefeit in Unfälle verwickelt zu werden, und deshalb sollten wir unermüdlich dafür beten, dass Gott unsere Familie mit seinem Schutz umgibt. Wir können nie im Voraus wissen, wann unsere Fürbitte am Nötigsten ist, und falls wirklich etwas geschehen sollte, haben wir die tröstende Gewissheit, dass wir Gott um sein Eingreifen gebeten haben.

Gebet

Herr, ich bitte dich, dass du meinen Mann vor Unfällen, Krankheiten, Gefahren oder schlechten Einflüssen bewahrst. Beschütze ihn vor allem, wenn er im Auto oder im Flugzeug unterwegs ist. Umgib ihn mit deinem Schutz, so dass ihm die Pläne böser Menschen nichts anhaben können. Behüte jeden einzelnen Schritt, den er macht, und sorge dafür, dass er auf dem richtigen Weg bleibt (Psalm 17,5). Gib, dass er sagen kann: »Wenn ich dachte: ›Nun stürze ich!‹, hast du mich mit deiner Güte gestützt« (Psalm 94,18). Schenke meinem Mann Weisheit, Besonnenheit und Klugheit, damit er seinen Weg in Sicherheit gehen kann und über kein Hindernis stolpert (Sprüche 3,21-23). Danke, dass du sein Retter, seine Zuflucht, sein Beschützer und seine Festung bist (Psalm 18,3). Lass ihn unter deinem Schutz leben und bei dir bleiben, dem höchsten Gott, der alle Macht hat (Psalm 91,1), so dass er sagen kann: »Er ist der Fels und die Burg, wo ich in Sicherheit bin; darum werde ich nicht wanken« (Psalm 62,7). Bitte behüte meinen Mann vor jedem Unheil, auch wenn um ihn herum viele schreckliche Dinge passieren (Psalm 91,7). Halte deine Hand über sein Leben, so dass ihm der Teufel nichts anhaben kann (Psalm 103,4), und beschütze ihn auf allen seinen Wegen, »vom Anfang bis zum Ende, jetzt und in aller Zukunft!« (Psalm 121,8).

Kraft aus Gottes Wort

Wer im Schutz des Höchsten lebt,
der findet Ruhe im Schatten desAllmächtigen.
Der spricht zu dem Herrn: Du bist
meine Zuflucht und meine Burg,
mein Gott, dem ich vertraue.

Psalm 91,1-2

Denn er wird mich aufnehmen, wenn
schlechte Zeiten kommen,
und mir in seinem Heiligtum Schutz geben.
Er wird mich auf einen hohen Berg
stellen, wo mich niemand erreichen kann.

Psalm 27,5

Auch wenn ich durch das dunkle Tal des Todes gehe,
fürchte ich mich nicht, denn du bist an meiner Seite.
Dein Stecken und Stab schützen und trösten mich.

Psalm 23,4

Der Herr ist mein Fels, meine Burg und mein Retter;
mein Gott ist meine Zuflucht, bei dem ich Schutz suche.
Er ist mein Schild, die Stärke meines
Heils und meine Festung!
Herr, wenn ich dich lobe und anrufe,
dann werde ich vor meinen Feinden gerettet.

Psalm 18,3-4

Zeige mir auf wunderbare Weise deine Gnade.
Du rettest mit deiner Kraft die Menschen,
die bei dir Schutz vor den Feinden suchen.
Behüte mich wie einen Augapfel
und gib mir Zuflucht unter dem
Schatten deiner Flügel.

Psalm 17,7-8

KAPITEL 13

Seine Krisen

Jeder durchlebt irgendwann schwierige Zeiten, und deshalb brauchen wir uns nicht zu schämen, wenn wir mit Problemen zu kämpfen haben. Manche Schwierigkeiten lassen sich durch Gebet vermeiden und andere nicht. Allerdings kommt es in solchen Situationen hauptsächlich darauf an, wie unsere innere Einstellung aussieht. Falls wir zornig und bitter sind, ständig jammern und Gott die Schuld an unseren Problemen geben, wird alles nur noch schlimmer. Falls wir jedoch auch in harten Zeiten dankbar sind und an Gott festhalten, verspricht er uns, dass er sogar die negativen Dinge zum Guten wenden wird. In Jakobus 1,2-3 werden wir aufgefordert: »Nehmt es als Grund zur Freude, wenn ihr in vielfältiger Weise auf die Probe gestellt werdet. Denn ihr wisst: Wenn euer Glaube erprobt wird, führt euch das zur Standhaftigkeit.«

Auch durch unsere Fürbitte können wir unserem Mann nicht jeden Stein aus dem Weg räumen oder verhindern, dass er in eine Krise gerät. Andererseits — würden wir nicht sehr oberflächliche, ungeduldige und hartherzige Menschen werden, wenn wir nie mit irgendwelchen Schwierigkeiten zu kämpfen hätten? Unser Gebet kann jedoch durchaus bewirken, dass unser Partner eine positive und dankbare Einstellung behält und trotz seiner Probleme einen tiefen inneren Frieden spürt. Beten Sie dafür, dass Ihr Mann die nötige Geduld hat und nicht unter den Folgen einer falschen Einstellung leiden muss.

Meine Freundin Janet musste mit ansehen, wie ihr Mann zwischen Leben und Tod schwebte, nachdem er von einer giftigen

Spinne gebissen worden war. Dave litt über ein Jahr lang an den Folgen dieser Vergiftung, da sich immer wieder neue Komplikationen ergaben. Dazu kam noch, dass Janet und Dave kurz zuvor in einen anderen Bundesstaat gezogen und meilenweit von ihrer Familie, ihren Freunden und ihrer Gemeinde entfernt waren. Schließlich hatten sie auch noch große finanzielle Probleme, weil sich die Krankenhaus- und Arztrechnungen häuften. Eigentlich hätten die beiden allen Grund gehabt, zornig und bitter zu reagieren, doch stattdessen hörten sie nicht auf zu beten. Sie lobten Gott trotz dieser schrecklichen Umstände und vertrauten darauf, dass er für sie sorgen würde.

Während Janet selber mit ihren Ängsten zu kämpfen hatte, betete sie unermüdlich dafür, dass Dave sich nicht entmutigen ließ, sondern diese schwierige Zeit unbeschadet überstehen würde. Und Gott erhörte ihre Gebete. Dave wurde wieder gesund, und heute besitzen Janet und Dave einen geistlichen Reichtum, den man sich kaum vorstellen kann. Ihre drei Kinder sind eifrige Christen, die ihre Begabungen dazu einsetzen, um Gott zu verherrlichen. Dave arbeitet vollzeitlich in einer Gemeinde, in der er für die Musik verantwortlich ist, und hat dort gemeinsam mit Janet einen wunderbaren Dienst aufgebaut. Das Leben dieser beiden Menschen scheint die Güte Gottes förmlich widerzuspiegeln, doch ich bin fest davon überzeugt, dass die Art und Weise, wie sie die schwere Krise bewältigt haben, einen großen Einfluss auf ihre heutige Situation hatte.

Solange wir Gott dienen, können wir damit rechnen, dass seine Liebe immer bei uns ist — auch in den härtesten, einsamsten und verzweifeltsten Augenblicken unseres Lebens. Unabhängig davon, ob wir seine Gegenwart spüren oder nicht, lässt Gott uns nie im Stich, sondern sorgt dafür, dass sich letztendlich alles zum Guten wenden wird.

Wir sollten uns immer wieder an das Versprechen in Römer 8,28 erinnern: »Was auch geschieht, das eine wissen wir: Für die, die Gott lieben, muss alles zu ihrem Heil dienen. Es sind die Menschen, die er nach seinem freien Entschluss berufen hat.« Wenn Gott zulässt, dass wir in Krisen geraten, so möchte er dadurch erreichen, dass unser unabhängiges und selbstzufriedenes Ich erschüttert wird. Wir sollen uns zu mitfühlenden, geduldigen und bescheidenen Menschen entwickeln, die durch ihr Leben Gott die Ehre geben. Außerdem benutzt Gott schwierige Situationen, um uns klar zu machen, dass wir uns in jeder Lage auf seine Liebe und Fürsorge verlassen können.

Ich kann mich an keine Krise in unserem Leben erinnern, die Michael und mich nicht näher zu Gott gebracht hätte. Solange wir in den jeweiligen Problemen steckten, freuten wir uns natürlich nicht darüber und wussten auch nicht zu schätzen, dass wir durch diese Umstände geistlich wachsen würden. Doch da wir mit allen unseren Bitten zu Gott kamen, konnte unser Glaube wachsen, und unsere Beziehung zu Gott wurde noch enger als vorher. Sobald wir mit der richtigen Einstellung an unsere Probleme herangingen, wurde sogar unsere gegenseitige Liebe stärker.

Falls Ihr Mann gerade durch eine schwierige Zeit geht, sollten Sie ihn unbedingt im Gebet unterstützen, doch versuchen Sie auf keinen Fall, ihm seine Lasten abzunehmen und auf Ihre eigenen Schultern zu laden! Sie würden dadurch nur erreichen, dass er sich wie ein Versager oder Schwächling vorkommt. So gerne Sie Ihrem Mann auch unter die Arme greifen möchten, Sie dürfen nicht an Gottes Stelle treten. Gott will nicht, dass Sie die Rolle übernehmen, die der Heilige Geist im Leben Ihres Mannes spielen soll.

Ihre Aufgabe ist es, für ihn zu beten, ihn zu unterstützen und zu ermutigen. Da nur Gott weiß, zu welchem Ziel er mit Ihrem Mann kommen möchte, dürfen Sie sich seiner Güte und Allwissenheit nicht in den Weg stellen.

Finanzielle Not, Krankheit, Behinderung, Arbeitslosigkeit, Probleme in der Ehe oder mit den Kindern, Katastrophen, Unglücksfälle oder zerbrochene Beziehungen können zu so starken Belastungen werden, dass Ihr Mann nicht mehr damit fertig wird. In diesem Fall sollten Sie dafür beten, dass der Heilige Geist eingreift und die Situation verändert. Erinnern Sie Ihren Mann jedoch auch daran, dass Gott seine augenblickliche Lage aus einer ganz anderen Perspektive betrachtet. Solange wir richtig auf Schwierigkeiten und Probleme reagieren, gilt für uns die Verheißung in Römer 8,18: »Ich bin überzeugt: Was wir in der gegenwärtigen Zeit noch leiden müssen, fällt überhaupt nicht ins Gewicht im Vergleich mit der Herrlichkeit, die Gott uns zugedacht hat und die er in der Zukunft offenbar machen wird.« Ermutigen Sie Ihren Mann, im Glauben auszusprechen: »Allem bin ich gewachsen durch den, der mich stark macht« (Philipper 4,13).

Beten Sie dafür, dass Ihr Mann so lange nach einer tieferen Verbundenheit mit Gott strebt, bis er ganz fest davon überzeugt ist, dass ihn nichts von Gottes Liebe trennen kann — weder seine jetzigen Probleme noch irgendwelche zukünftigen Herausforderungen. Paulus erklärt in Römer 8,38-39: »Ich bin ganz sicher, dass nichts uns von seiner Liebe trennen kann: weder Tod noch Leben, weder Engel noch Dämonen, noch andere gottfeindliche Mächte, weder Gegenwärtiges noch Zukünftiges, weder Himmel noch Hölle. Nichts in der ganzen Welt kann uns jemals trennen von der Liebe Gottes, die uns verbürgt ist in Jesus Christus, unserem Herrn.« Wenn Ihr Mann diese feste Gewissheit hat, wird er immer eine Hoffnung haben, unabhängig davon, wie schlimm die Umstände auch sein mögen.

Schwere Zeiten können wie ein läuterndes Feuer oder ein reinigendes Bad sein. Natürlich wollen Sie nicht, dass Ihr Partner verbrennt oder ertrinkt, sondern er soll geläutert und gereinigt aus diesem Prozess hervorgehen. Gott hat uns versprochen: »Aber mitten in all dem triumphieren wir als Sieger mit Hilfe dessen, der uns so sehr geliebt hat« (Römer 8,37), und: »Wer aber bis zum Ende standhaft bleibt, wird gerettet« (Matthäus 24,13). Wenn Ihr Mann fest dazu entschlossen ist, sein Vertrauen auf Gott zu setzen und auf Gottes Eingreifen zu warten, wird ihm das Feuer nichts anhaben können und er wird in den stürmischen Wellen nicht untergehen.

Gebet

Herr, du allein kennst die Bürde, die meinen Mann zu Boden drückt. Ich kann nur einzelne Dinge nachvollziehen, doch du verstehst bis ins Letzte, worunter er leidet und was ihm zu schaffen macht. Da ich weiß, dass du in schwierigen Zeiten an uns arbeitest, will ich mich deinem Wirken nicht entgegenstellen und nicht versuchen, ihn vor Schwierigkeiten zu bewahren. Aber ich möchte meinen Mann mit allen Kräften unterstützen, damit er aus dieser Schlacht als Sieger hervorgeht.

Herr, du bist »unsere sichere Zuflucht, ein bewährter Helfer in aller Not« (Psalm 46,2). Du hast uns eingeladen, mit Zuversicht vor deinen Thron zu treten. Bei dir werden wir, »wenn wir Hilfe brauchen, stets Liebe und Erbarmen finden« (Hebräer 4,16).

Herr, ich komme jetzt vor deinen Thron und bitte dich, dass du meinem Mann gnädig bist. Mach ihn stark und schenke ihm Geduld, damit er auf dein Eingreifen warten kann (Psalm 27,1-4). Hilf ihm, alle Schwierigkeiten zu bewältigen und eine Hoffnung zu haben, die ihn trotzdem fröhlich sein lässt. Mach ihn standhaft in aller Bedrängnis und sorge dafür, dass er nicht nachlässt im Gebet (Römer 12,12).

Schenke ihm Ausdauer, damit er den Kampf bis zum Ende durchhält und nicht vorher aufgibt. Du hast versprochen: »Der Rechtschaffene kommt immer wieder auf die Füße, sooft ihn auch das Unglück zu Boden schlägt« (Sprüche 24,16). Erinnere ihn immer wieder daran, dass du Freude an einem redlichen Menschen hast und alle seine Schritte lenkst. »Er mag fallen, aber er stürzt nicht zu Boden; denn der Herr hält ihn fest an der Hand« (Psalm 37,23-24).

Herr, ich bitte dich, dass mein Mann bei dir Zuflucht sucht, »bis das Unglück vorüber ist« (Psalm 57,2). Schenke ihm festes Vertrauen in dich, denn »alle, die auf den Herrn vertrauen, bekommen immer wieder neue Kraft, es wachsen ihnen Flügel wie dem Adler. Sie gehen und werden nicht müde, sie laufen und brechen nicht zusammen« (Jesaja 40,31). Hilf ihm, damit er später sagen kann: »Hier steht einer, der um Hilfe rief. Der Herr hat ihn gehört und ihn aus jeder Bedrängnis gerettet« (Psalm 34,6).

Kraft aus Gottes Wort

Freut euch deshalb von Herzen!
Vor euch liegt eine große Freude,
auch wenn ihr für eine Weile viel erdulden müsst.
Dies dient nur dazu, euren Glauben
zu prüfen, damit sich zeigt, ob er wirklich
stark und rein ist. Er wird erprobt,
so wie Gold im Feuer geprüft und geläutert
wird – und euer Glaube ist Gott
sehr viel kostbarer als bloßes Gold.
Wenn euer Glaube also stark bleibt,
nachdem er durch große Schwierigkeiten
geprüft wurde, wird er euch viel
Lob und Herrlichkeit und Ehre einbringen
an dem Tag, an dem Jesus
Christus der ganzen Welt offenbart werden wird.

1. Petrus 1,6-7

Bring deine Sorgen vor den Herrn, er wird dir helfen.
Er wird nicht zulassen,
dass der Gottesfürchtige stürzt und fällt.

Psalm 55,23

Ich aber will zu Gott rufen, und der Herr wird mich retten.
Morgens, mittags und abends bete ich laut in meiner Not,
und der Herr hört meine Stimme.
Er rettet mich und beschützt mich, dass sie mir nicht zu nahe
kommen, auch wenn noch so viele gegen mich sind.

Psalm 55,17-19

Not und Leid hast du zwar zugelassen, doch du wirst mir das
Leben neu schenken und mich auch aus der dunkelsten Tiefe
wieder heraufholen. Du wirst mich zu großen Ehren
bringen und mich trösten.

Psalm 71,20-21

KAPITEL 14

Seine Rechtschaffenheit

Rechtschaffenheit ist nicht das, was man zu sein *scheint*, wenn alle Augen auf einen gerichtet sind, sondern das, was man ist, wenn keiner hinsieht. Sie ist eine moralische Messlatte, von der man keine Abstriche macht, was immer auch um einen herum passiert. Sie geht einher mit einem hohen Maß an Ehrlichkeit, Anstand und Ehre, und sie bedeutet, andere Menschen so zu behandeln, wie er selbst gerne behandelt werden möchte.

Auf die Worte eines rechtschaffenen Menschen kann man sich verlassen, weil er meint, was er sagt. Er flüchtet sich nicht in Wortspiele, sondern bringt seinen Standpunkt klar und deutlich zum Ausdruck. Dabei hält er sich an die Aufforderung Jesu: »Sagt einfach Ja oder Nein; jedes weitere Wort stammt vom Teufel« (Matthäus 5,37).

Ein rechtschaffener Mensch hängt sein Fähnlein nicht nach dem Wind, um es jedem recht zu machen, sondern hat sich vor allen Dingen zum Ziel gesetzt, *Gott* zu gefallen. In Lukas 16,15 verurteilte Jesus die Pharisäer und sagte zu ihnen: »Vor den Menschen stellt ihr euch so hin, als führtet ihr ein Leben, das Gott gefällt; aber Gott sieht euch ins Herz. Was bei den Menschen Eindruck macht, das verabscheut Gott.«

Ein rechtschaffener Mensch tut, was er geschworen hat, selbst dann, wenn es ihm Nachteile bringt (Psalm 15,4). Das heißt, er steht zu seinem Wort, ganz egal, was es ihn kostet. Auch wenn er unter Beschuss gerät, hält er an seiner Überzeugung fest und geht keine faulen Kompromisse ein. Er ist in jeder Beziehung aufrichtig, und man kann sich hundertprozentig auf ihn verlassen. Für ihn gelten die Verheißungen: »Wer geradlinig lebt, lebt ohne Angst« (Sprüche 10,9), und: »Weil ich schuldlos bin, hältst du zu mir und lässt mich für immer in deiner Nähe leben« (Psalm 41,13).

Mein Mann musste mehrmals gegen Dinge Stellung beziehen, die er für falsch hielt, und er war bereit, die Konsequenzen auf sich zu nehmen. Obwohl ich immer dafür gebetet habe, dass er richtig handeln würde, hätte er diese Entscheidungen auch ohne meine Fürbitte getroffen. Meine Gebete unterstützten ihn jedoch, als er auf Widerstand stieß, und halfen ihm, trotzdem stark zu bleiben. In Sprüche 20,7 steht: »Wer Gott gehorcht, führt ein Leben ohne Tadel; seine Kinder können von Glück reden!« Auch wenn es unseren Kindern vielleicht nicht bewusst ist, wurde ihr Leben durch Michaels hohe Maßstäbe beeinflusst, und sie konnten die Auswirkungen von Gottes Segen am eigenen Leib spüren. Michaels Rechtschaffenheit ist ein geistiges Erbe, das sie hoffentlich einmal an ihre eigenen Kinder weitergeben werden.

Rechtschaffenheit ist eine Sache des Herzens, und deshalb muss sich Ihr Mann ganz bewusst dafür entscheiden. Im Gebet können Sie ihn jedoch unterstützen und gegen Satan ankämpfen, der ihn an dieser Entscheidung hindern will. Beten Sie dafür, dass der Teufel Ihren Mann nicht verblenden oder durch hinterlistige Pläne zu Fall bringen kann.

Da positive Entscheidungen immer eine Reaktion in der unsichtbaren Welt nach sich ziehen, kann Ihre Fürbitte zu einem geistlichen Schutzschild werden, das Ihren Mann vor Zweifeln und anderen Angriffen bewahrt. Bitten Sie Gott, Ihren Mann stark zu machen, damit er immer das Richtige tut — auch dann, wenn niemand zusieht.

Gebet

Herr, bitte mach meinen Mann zu einem rechtschaffenen Menschen, an dem du Freude hast. Gib ihm den Mut, zu den richtigen Dingen Ja zu sagen und falsche Dinge abzulehnen. Schenke ihm

Kraft, damit er seine Überzeugung verteidigen kann und auch bei Widerstand nicht nachgibt. Lass ihn nicht werden wie die Menschen, »die immerzu lernen wollen und doch nie zur Erkenntnis der Wahrheit durchdringen können« (2. Timotheus 3,7), sondern jederzeit auf deine Stimme hören und von deiner unendlichen Weisheit lernen.

Mach ihn zu einem aufrichtigen Menschen und hilf ihm durch deinen Heiligen Geist, »in der vollen Wahrheit zu leben« (Johannes 16,13). Bleib immer in seiner Nähe, damit er sich auch in schwierigen Zeiten vertrauensvoll an dich wenden kann. Schenke ihm die Fähigkeit, seine Fehler rasch einzugestehen, denn du hast in deinem Wort gesagt: »Wenn wir behaupten, ohne Schuld zu sein, betrügen wir uns selbst, und die Wahrheit lebt nicht in uns. Wenn wir aber unsere Verfehlungen eingestehen, können wir damit rechnen, dass Gott treu und gerecht ist: Er wird uns dann unsere Verfehlungen vergeben und uns von aller Schuld reinigen, die wir auf uns geladen haben« (1. Johannes 1,8-9). Bewahre ihn davor, dass er sich von irgendjemandem täuschen lässt oder eine Lüge in seinem Leben duldet. Lass es ihm niemals an Liebe und Treue zu anderen fehlen, so dass er Beifall und Anerkennung bei Gott und den Menschen findet (Sprüche 3,3-4).

Kraft aus Gottes Wort

Es ist besser, arm und ehrlich zu sein
als reich und unehrlich.
Sprüche 28,6

Aufrichtige Menschen lassen sich
von ihrer Ehrlichkeit sicher leiten, das
Leben der Betrüger aber wird durch
Unehrlichkeit zerstört.
Sprüche 11,3

Die Völker werden sich um dich versammeln,
setze dich auf deinen Thron hoch über ihnen.

Psalm 7,8

Herr, verhilf mir zu meinem Recht,
denn mein Handeln war stets
aufrichtig; ich habe dem Herrn vertraut,
arum werde ich nicht fallen.

Psalm 26,1

Hilf mir, aufrichtig und ehrlich zu leben,
weil ich meine Hoffnung auf dich setze.

Psalm 25,21

KAPITEL 15

Sein guter Ruf

In unserer heutigen Zeit, in der Informationen blitzschnell um die Welt gehen und die Massenmedien großen Einfluss haben, ist ein guter Ruf schnell zerstört. Es genügt schon, wenn man zur falschen Zeit am falschen Ort ist.

Wir dürfen unseren Ruf jedoch nicht auf die leichte Schulter nehmen, denn in Sprüche 22,1 steht: »Ein guter Ruf ist besser als großer Reichtum.« Daher sollten wir auf unser Ansehen achten und mit allen Kräften verhindern, dass wir in Verruf geraten. Wer seinen guten Ruf verloren hat, hat auch seine Glaubwürdigkeit eingebüßt und findet bei anderen kein offenes Ohr mehr. Unser Ansehen leidet, wenn wir etwas Falsches tun, mit fragwürdigen Personen zusammen sind oder anderen Leuten Anlass zu Gerede geben. In allen diesen Fällen ist das Böse im Spiel. Ein ungünstiger Gerichtsprozess, ein böses Gerücht, ein schlechter Einfluss, ein wenig schmeichelhafter Zeitungsartikel oder fünfzehn Minuten in einem zweifelhaften Rampenlicht können ausreichen, um alles zu zerstören, wofür ein Mann sein Leben lang gearbeitet hat. Die einzige Waffe, die wir gegen diese bösen Mächte einsetzen können, ist das Gebet.

Mein Mann wurde schon einige Male in der Zeitung falsch zitiert, so dass er sich hinterher Sorgen um seinen Ruf machte. Die Aussagen, die man ihm in den Mund gelegt hatte, stimmten nicht, und wir wussten genau, wie verheerend so eine schlechte Propaganda wirken kann. Aus diesem Grund riefen wir jedes Mal alle Leute an, von denen wir glaubten, dass sie von dem Bericht am meisten betroffen waren, und erklärten ihnen, wie es sich tatsächlich verhielt. Natürlich konnten wir nicht alle unsere Bekannten anrufen, und so beteten wir dafür, dass unsere Bemühungen ausreichten und Gott dieser Sache ein Ende machen würde. Die Aufregung über den jeweiligen Artikel legte sich dann auch rasch und löste keine Schmutzlawine aus, die uns schließlich unter sich begraben hätte. Da alles ganz anders hätte ausgehen können, bin ich fest davon überzeugt, dass Gott unsere Gebete erhört und den guten Ruf meines Mannes bewahrt hat.

In der Bibel steht, dass der Ehemann einer tüchtigen Frau von anderen Menschen respektiert wird: »Sie hat einen Mann, der von allen geachtet wird; sein Wort gilt etwas im Rat der Gemeinde« (Sprüche 31,23). Geschieht das rein zufällig, oder garantiert Gott jeder tüchtigen Frau, dass ihr Mann ein hohes Ansehen erhält? Hat ihr Verhalten Einfluss auf den Ruf ihres Mannes? Auch wenn es noch andere Möglichkeiten gibt, zum guten Ruf unseres Mannes beizutragen, sollten wir in erster Linie für dieses Anliegen beten.

Beten Sie regelmäßig dafür, dass Gott den Ruf Ihres Mannes schützt, aber behalten Sie dabei im Gedächtnis, dass Ihr Mann einen freien Willen hat. Falls er sich nicht vom Heiligen Geist führen lässt, geht er womöglich eigene Wege und gerät in Schwierigkeiten. Auch wenn sein Ansehen bereits gelitten hat, können Sie dafür beten, dass Gott eingreift und die Situation doch noch zum Guten wendet, denn für Gott ist nichts unmöglich.

Gebet

Herr, ich bitte dich, dass du dafür sorgst, dass mein Mann einen einwandfreien Ruf hat. Ich weiß, dass in deinem Wort steht: »Den Wert von Gold und Silber prüft man mit Tiegel und Ofen; was ein Mann wert ist, sagt sein Ruf« (Sprüche 27,21). Aus diesem Grund bitte ich dich, dass mein Mann von den Menschen in unserer Umgebung geachtet wird und die Leute voller Anerkennung über ihn sprechen.

Du hast versprochen, dass ein unverdienter Fluch sich auf keinen Menschen niederlässt (Sprüche 26,2), und daher bitte ich dich, dass die Leute nie einen konkreten Grund haben, schlecht über meinen Mann zu reden. Bewahre ihn davor, mit dem Gesetz in Konflikt zu geraten, und beschütze ihn vor jeder negativen Propaganda. Rette ihn vor seinen Feinden und bring ihn in Sicherheit vor denen, die sein Unglück suchen (Psalm 59,2). Sprich die schuldig, die ihn beschuldigen; tritt seinen Gegnern entgegen (Psalm 35,1). Lass ihn bei dir Zuflucht suchen und enttäusche sein Vertrauen nicht! (Psalm 71,1) Danke für deine Zusage: »Gott selbst ist *für* uns, wer will sich dann *gegen* uns stellen?« (Römer 8,31).

In deinem Wort steht: »Unmöglich kann ein gesunder Baum schlechte Früchte tragen und ein kranker gute. Jeder Baum, der keine guten Früchte trägt, wird umgehauen und verbrannt werden« (Matthäus 7,18-19). Bitte lass die guten Taten meines Mannes sichtbar werden, so dass andere Menschen von seinem aufrichtigen Charakter überzeugt sind. Mach, dass sein ganzes Verhalten von Ehrlichkeit, Glaubwürdigkeit und Bescheidenheit geprägt ist und sein guter Ruf niemals in Gefahr gerät.

Danke, dass du sein Beschützer bist und ihn vor allen möglichen Stolperstricken bewahrst (Psalm 31,5). Sorge dafür, dass ihm boshafte Lästermäuler nichts anhaben können. Falls irgendjemand negativ über ihn geredet hat, berühre diese Person mit deinem reinigenden Feuer und decke ihre falschen Motive auf. Schimpf und Schande komme über alle, die ihm nach dem Leben trachten! Zurückweichen sollen sie und zuschanden werden, alle, die an seinem Unglück Freude haben! (Psalm 40,15). Danke, dass du meinem Mann zur Seite stehst, so dass er voller Zuversicht sagen kann: »Ich vertraue ihm und habe keine Angst: Was könnten mir Menschen schon tun?« (Psalm 56,12). Du hast versprochen, dass alle, die dir glauben und auf dich vertrauen, nicht zugrunde gehen werden (Römer 10,11). Leite und führe meinen Mann und sei seine Zuflucht und seine Festung. Lass sein Licht vor den Menschen leuchten, damit sie seine »guten Taten sehen und den Vater im Himmel preisen« (Matthäus 5,16).

Kraft aus Gottes Wort

Beschütze mich vor den Anschlägen dieser Verbrecher,
vor den Nachstellungen derer, die Böses tun.
Ihre Zungen sind scharf wie Schwerter und
ihre harten Worte sind wie Pfeile, die sie abschießen.
Aus ihrem Versteck zielen sie auf Unschuldige
und greifen sie plötzlich rücksichtslos an.
Psalm 64,3-5

Herr, lass mich nicht zugrunde gehen,
denn ich rufe zu dir um Hilfe.
Die Bösen sollen umkommen,
damit sie endlich begraben werden und schweigen.
Die Lügner sollen verstummen,
die stolz und verächtlich den
Gottesfürchtigen verklagen.
Psalm 31,18-19

Gott segnet euch, wenn ihr verspottet
und verfolgt werdet und wenn Lügen
über euch verbreitet werden, weil
ihr mir nachfolgt. Freut euch darüber!
Jubelt! Denn im Himmel erwartet
euch eine große Belohnung. Und denkt
daran, auch die Propheten sind einst verfolgt worden.
Matthäus 5,11-12

Wenn du etwas gesehen hast, geh
deswegen nicht gleich vor Gericht. Du
könntest eine schmerzliche Niederlage
vor deinem Nachbarn erleiden. Besprich
die Sache zunächst unter vier
Augen mit ihm. Erzähle niemandem etwas
davon, damit dich keiner beschuldigt,

du würdest alles ausplaudern, und
dein guter Ruf für immer dahin ist.

Sprüche 25,8-10

Wer wagt es, gegen die Anklage zu erheben,
die von Gott auserwählt wurden?
Gott selbst ist ja der, der sie gerecht spricht.
Wer sollte uns verurteilen?
Christus Jesus selbst ist ja für uns
gestorben. Mehr noch, er ist der Auferstandene.
Er sitzt auf dem Ehrenplatz
zur rechten Seite Gottes und tritt für uns ein.

Römer 8, 33-34

KAPITEL 16

Seine Prioritäten

Männer haben unterschiedliche Vorstellungen davon, wie die Reihenfolge ihrer Prioritäten aussehen sollte. Wir Frauen sind jedoch grundsätzlich davon überzeugt, dass *uns* — gleich nach Gott — der erste Platz im Herzen ihres Mannes gebührt. Irgendwann ist mir allerdings klar geworden, dass eine Frau nur dann von ihrem Mann verlangen kann, dass er ihr den Vorrang vor allen anderen wichtigen Dingen einräumt, wenn sie ihn ebenfalls ganz oben auf ihre Prioritätenliste setzt. Das heißt also, falls Ihnen etwas daran liegt, dass Ihr Mann Ihnen mehr Wichtigkeit beimisst als seiner Arbeit, seinen Freunden oder allen anderen Aktivitäten, müssen Sie ihm dieselbe Ehre erweisen. Solange Sie Gott und Ihren Ehepartner nicht als obersten Prioritäten betrachten, wird Ihr Mann kaum motiviert sein, *Sie* ganz oben auf die Liste zu setzen.

Ich weiß genau, wie schwierig es sein kann, Tag für Tag die richtigen Prioritäten zu setzen — vor allem dann, wenn kleine Kinder im Spiel sind. Kinder benötigen viel Aufmerksamkeit und haben zahllose Bedürfnisse, und als Mutter sind Sie praktisch rund um die Uhr dafür zuständig. Ihr Mann ist ja schließlich erwachsen und kann auch ohne Sie zurechtkommen. Falls keine Kinder da sind, geschieht es trotzdem leicht, dass man von seinem Beruf, seinen Interessen, Beschäftigungen und Freunden förmlich aufgefressen wird. Während so viele Dinge unsere Gedanken und unsere Zeit in Anspruch nehmen, fällt es uns oft schwer, unserem Partner die gebührende Aufmerksamkeit zu schenken und ihm den Vorrang vor allem anderen einzuräumen. Ohne dass Sie es beabsichtigen, hat Ihr Mann dann rasch das Gefühl, dass er ganz weit unten auf Ihrer Prioritätenliste rangiert.

Glücklicherweise steht die Reihenfolge unserer Prioritäten nicht in direktem Zusammenhang mit der Zeit, die wir für die einzelnen Dinge aufwenden. Ansonsten müssten wir, wenn wir jede Woche vierzig Stunden arbeiten, zusätzlich noch acht Stunden pro Tag im Gebet verbringen, um Gott an die erste Stelle zu setzen. Eine Frau kann ihrem Mann nicht ebenso viel Zeit widmen wie einem Säugling, ohne ihr Kind dabei zu vernachlässigen. Daher geht es nicht in erster Linie darum, wie viel Zeit wir uns für unseren Partner nehmen, sondern ob wir ihm das Gefühl geben, dass er einen wichtigen Platz in unserem Herzen einnimmt.

Lassen Sie Ihren Mann wissen, dass Sie für ihn beten, und erkundigen Sie sich, ob er bestimmte Anliegen hat, die ihn besonders beschäftigen. Wenn Sie sich im Laufe des Tages trotz Hektik und Stress die Zeit nehmen, Ihren Mann anzurufen und ihm einen Augenblick zuzuhören, geben Sie ihm die Gewissheit, dass er bei Ihnen immer noch oberste Priorität hat.

Machen Sie Ihrem Mann klar, dass er für Sie am allerwichtigsten ist, indem Sie bestimmte Zeiten planen, die Sie nur zu zweit verbringen. Ein gemütlicher Abend ohne Kinder oder ein romantisches Wochenende wird Ihrem Mann neu bewusst machen, wie viel er Ihnen bedeutet. Wenn Sie möchten, dass Ihr Mann Ihnen mehr Aufmerksamkeit schenkt, müssen *Sie* die Initiative ergreifen und zunächst einmal *Ihre* Liebe zum Ausdruck bringen. Dieses Rezept hat bisher immer funktioniert, und falls Sie zusätzlich noch dafür beten, werden Sie Ihr Ziel sicher erreichen.

Sollten Sie das Gefühl haben, dass Sie einfach nicht genügend Kraft und Zeit aufbringen können, um Ihrem Mann den Vorrang zu geben und dazu noch allen anderen Anforderungen gerecht zu werden, dann bitten Sie Gott, Sie ganz neu mit seinem Heiligen Geist zu erfüllen. Machen Sie Gott zu Ihrer obersten Priorität, und er wird Ihnen helfen, die richtigen Schwerpunkte zu setzen. Falls Sie in Ihrer Alltagsroutine nicht genügend Zeit finden, um bei Gott aufzutanken und auf ihn zu hören, müssen Sie Ihr Leben umorganisieren und Ihre Prioritäten neu definieren. Schrecken

Sie nicht vor Veränderungen zurück, wenn Sie merken, dass die Reihenfolge Ihrer eigenen Prioritäten nicht stimmt.

In der Musikbranche erleben wir oft, dass jemand innerhalb kurzer Zeit großen Erfolg hat und sehr populär wird. Leider ist diese Entwicklung oft von einer Gier nach noch mehr Erfolg, Geld und Macht begleitet. Falls solche Personen sich nicht bewusst dafür entscheiden, den richtigen Dingen den Vorrang zu geben, lassen sie sich von ihrem Stolz dazu verführen, in die falsche Richtung zu gehen. Sie konzentrieren sich nur noch auf ihre Karriere und vernachlässigen Gott, ihre Familie, ihre Gemeinde und ihre Freunde. Wenn dann eines Tages die Ernüchterung folgt, lässt sich vielleicht nicht mehr alles wiedergutmachen, was man versäumt hat. Diese frustrierende Erkenntnis sollten wir unserem Partner ersparen, indem wir dafür beten, dass er seine Prioritäten auch in kleinen Dingen richtig setzt. Beten Sie dafür, dass Ihr Mann Gott den ersten Platz in seinem Herzen einräumt. Wenn Sie dann in seiner Rangfolge an zweiter Stelle und Ihre Kinder an dritter Stelle stehen, wird er auch unter schwierigen Umständen einen inneren Frieden haben, der Ihre Beziehung harmonisch und glücklich macht.

Gebet

Herr, ich stelle mein Leben ganz bewusst unter deine Herrschaft. Bitte hilf mir, dich immer und überall an die erste Stelle zu setzen und alle anderen Prioritäten so zu ordnen, wie es dir gefällt.

Zeig mir, wie ich meinem Mann Vorrang vor meinen Kindern, meiner Arbeit, meinen Freunden und meinen Interessen einräumen kann.

Lass mich ganz praktische Möglichkeiten entdecken, wie ich ihm beweisen kann, dass er in meinem Herzen einen ganz besonderen Platz einnimmt.

Falls ich ihm in der Vergangenheit Anlass gegeben habe, an dieser Tatsache zu zweifeln, bitte ich dich, meine Fehler wieder gutzumachen.

Hilf mir, meinen Alltag so zu organisieren, dass ich keine Zeit mit Kraft raubenden und zwecklosen Dingen verschwende.

Bitte hilf auch meinem Mann, die richtigen Prioritäten zu setzen, und regiere uneingeschränkt über sein Leben. Hilf ihm seinen Tagesablauf so einzuteilen, dass er täglich eine bestimmte Zeit in deiner Gegenwart verbringen kann. Mach ihm klar, wie wichtig es ist, dass er sich mit deinem Wort beschäftigt und im Gebet vor dein Angesicht kommt. Hilf ihm, damit er mir und den Kindern größere Wichtigkeit beimisst als seiner Karriere, seinen Freunden und seinen Hobbys. Lass ihn in allen Dingen sich deiner Herrschaft unterstellen und das tun, was du verlangst, denn dann wirst du dein Versprechen halten und ihm alles geben, was er braucht.

Kraft aus Gottes Wort

Macht das Reich Gottes zu eurem wichtigsten Anliegen,
lebt in Gottes Gerechtigkeit, und er
wird euch all das geben, was ihr braucht.

Matthäus 6,33

Denkt nicht nur an eure eigenen Angelegenheiten,
sondern interessiert euch auch
für die anderen und für das, was sie tun.

Philipper 2,4

Niemand kann zwei Herren dienen.
Immer wird er den einen hassen und
den anderen lieben oder dem einen
treu ergeben sein und den anderen verabscheuen.
Ihr könnt nicht gleichzeitig
Gott und dem Geld dienen.

Matthäus 6,24

Das Himmelreich ist auch vergleichbar
mit einem Perlenhändler, der nach
kostbaren Perlen Ausschau hielt.
Als er eine Perle von großem Wert entdeckte,
verkaufte er alles, was er besaß, und kaufte die Perle!

Matthäus 13,45-46

»Scher dich fort von hier, Satan«,
sagte Jesus zu ihm. »Denn die Schrift sagt:
›Du sollst den Herrn, deinen Gott,
anbeten und nur ihm allein dienen.‹«

Matthäus 4,10

KAPITEL 17

Seine Beziehungen

Isolation ist ungesund, denn jeder von uns braucht Kontakte zu anderen Menschen, die ihm helfen, auf dem richtigen Weg zu bleiben. Ehepaare sollten sich mit mindestens zwei anderen Paaren regelmäßig treffen, damit sie sich gegenseitig ermutigen und ihre Gedanken austauschen können. Wenn wir uns viel in der Gesellschaft reifer Christen aufhalten, wird unser Leben bereichert und unser Glaube gestärkt. Auf die Ratschläge erfahrener Christen zu hören bewahrt uns davor, eine extreme Haltung zu bekommen oder die richtige Perspektive zu verlieren. Zudem profitiert unsere Ehe davon, wenn die Stärken anderer Leute auf uns abfärben.

Ich erinnere mich noch daran, dass Michael und ich einmal einen Streit hatten, kurz bevor wir bei einem befreundeten Ehepaar zum Essen eingeladen waren. Auf der Fahrt dorthin herrschte angespanntes Schweigen und mich beschäftigte nur der eine Gedanke, wie wir diesen Abend überstehen würden, ohne unsere Freunde in Verlegenheit zu bringen. Als wir ankamen, färbte die herzliche Atmosphäre, mit der wir empfangen wurden, jedoch rasch auf uns ab. Es dauerte nicht lange, bis wir ebenfalls angeregt plauderten und lachten und dabei völlig vergaßen, was an jenem Abend geschehen war. Diese Veränderung kam nicht durch eine oberflächliche Partystimmung zustande, sondern unsere Freunde strahlten eine so tiefe Freude aus, dass wir davon angesteckt wurden.

Genau dasselbe haben wir häufig umgekehrt erlebt. Schon oft haben uns Paare besucht, die gerade mitten in einer Ehekrise steckten, und nachdem wir gemütlich zusammen zu Abend gegessen hatten, gingen sie versöhnt wieder nach Hause. Ein bestimmtes Paar rief uns sogar an, als das Essen schon beinahe auf dem Tisch stand, um uns zu informieren, dass sie soeben eine schlimme Auseinandersetzung gehabt hätten und leider absagen müssten. Ich sagte ihnen, dass wir dafür vollstes Verständnis aufbrächten, da wir genau dasselbe durchgemacht hatten. Dann forderte ich sie auf, trotzdem zu kommen, auch wenn sie während des ganzen Abends kein einziges Wort reden würden. »Außerdem müsst ihr etwas essen«, erklärte ich, »und wenn ihr wollt, kann jeder von euch an einem anderen Ende des Tisches sitzen.« Es dauerte eine Weile, bis ich unsere Bekannten überzeugt hatte, doch schließlich willigten sie ein und kamen zu uns. Wie sich herausstellen sollte, war dieser Abend für uns alle ein besonderer Höhepunkt und wir verbrachten eine wunderbare Zeit miteinander. Zuletzt lachten wir sogar gemeinsam über die Kleinigkeit, die den vorhergegangenen Streit verursacht hatte, und unsere Gäste gingen Hand in Hand zur Tür hinaus.

Gute Beziehungen zu gläubigen Menschen sind keine Selbstverständlichkeit, und wir dürfen die Hände nicht in den Schoß legen und darauf warten, dass sie irgendwann von selbst zustande kommen. Stattdessen sollten wir dafür beten, dass Gott uns mit den richtigen Leuten zusammenbringt, und nachdem er es getan hat, sollten wir diese Freundschaften im Gebet berücksichtigen. Außerdem sollten wir uns im Gebet gegen alle schlechten Einflüsse in unserem Leben wappnen. Natürlich heißt das nicht, dass wir uns nicht in der Gesellschaft von Menschen aufhalten dürfen, die (noch) keine Christen sind, doch es ist wichtig, reife Christen als Freunde zu haben. Wenn wir hauptsächlich mit Leuten zusammen sind, die Gott nicht kennen, setzen wir uns ihrem Einfluss aus und können negative Konsequenzen zu spüren bekommen. In Sprüche 12,26 wird uns erklärt: »Menschen, die Gott gehorchen, sind besser dran als andere; denn alle, die Gott missachten, gehen in die Irre.« Aus diesem Grund ist es besonders wichtig, dass wir regelmäßig in eine Gemeinde gehen, in der wir gläubige Menschen treffen können.

Schließen Sie, wenn möglich, Freundschaft mit Menschen, die viel Erfahrung haben und denen man anmerkt, dass ihr Herz uneingeschränkt auf Gott gerichtet ist.

Beten Sie auch dafür, dass Ihr Mann gute Beziehungen zu anderen gläubigen Männern hat. Wenn er gute Freunde gefunden hat, sollten Sie ihm die Zeit gönnen, die er mit ihnen verbringen möchte. Nörgeln Sie nicht an ihm herum, sondern machen Sie sich bewusst, dass diese Menschen einen positiven Einfluss auf Ihren Mann ausüben werden. »Eisen wird mit Eisen geschärft, und ein Mensch bekommt seinen Schliff durch Umgang mit anderen«, heißt es in Sprüche 26,17, und im gleichen Kapitel steht auch: »Duftendes Öl und Weihrauch geben eine festliche Stimmung; aber noch beglückender als süße Düfte ist die Zuneigung eines Menschen« (Sprüche 26,9). Falls Ihr Mann allerdings völlig in diesen Freundschaften aufgeht, sollten Sie dafür beten, dass er die richtige Balance findet.

Nachdem unsere Kinder auf der Welt waren, arbeitete Michael rund um die Uhr und verbrachte seine Wochenenden auf dem Golfplatz, beim Basketball oder beim Football, wo er mit seinen Freunden zusammen sein konnte. Wir hatten viele Auseinandersetzungen über diesen Punkt, ohne dass sich irgendetwas geändert hätte, bis ich schließlich anfing dafür zu beten, dass *Gott* zu Michael reden würde. Gottes Argumente waren viel überzeugender als meine eigenen, und es dauerte nicht lange, bis mein Mann sich wieder mehr Zeit für seine Familie nahm.

Männer haben oft nur wenige enge Freunde, weil sie fast ihre ganze Zeit in den Beruf investieren. Offensichtlich fällt es Frauen leichter, die Initiative zu ergreifen und Kontakte zu anderen zu pflegen, doch durch unsere Fürbitte können wir unseren Mann auch auf diesem Gebiet ermutigen. Auch wenn Ihr Mann noch kein Christ ist, können Sie dafür beten, dass er gläubige Freunde findet. Eine Freundin von mir ist mit einem Mann verheiratet, der sich noch nicht für Jesus Christus entschieden hat, und wir haben oft dafür gebetet, dass er an seinem Arbeitsplatz Kontakt zu gläubigen Kollegen bekommt. Inzwischen kennt er so viele Christen, dass wir lächelnd feststellen konnten, dass Gott ihn förmlich umzingelt hat.

Beten Sie für *alle* Beziehungen, die Ihr Mann zu anderen Menschen hat. Sein Verhältnis zu seinen Eltern, Geschwistern, Verwandten, Arbeitskollegen und Nachbarn sollte stimmen und nicht von Groll oder Bitterkeit geprägt sein. Solange Ihr Mann etwas mit sich herumträgt, das er einer anderen Person nicht vergeben kann, wird sein ganzes Leben dadurch beeinflusst.

Gebet

Herr, ich bitte dich, dass du meinem Mann reife Christen zur Seite stellst, denen er alles anvertrauen kann, was er auf dem Herzen hat. Schenke ihm weise Freunde, die ihm nicht nach dem Mund reden, sondern einen positiven Einfluss auf ihn ausüben (Sprüche 28,23). Gib ihm das richtige Urteilsvermögen, damit er sich von Leuten distanziert, die ihn in eine falsche Richtung ziehen würden (1. Korinther 5,13). Mach ihm klar, wie wichtig gute Freundschaften sind, und ermutige ihn, diese Kontakte zu pflegen. Bewahre mich davor, ihn zu kritisieren, wenn er mit anderen Männern zusammen ist, und schenke uns zusätzlich gute Beziehungen zu anderen Ehepaaren. Bring uns mit vertrauenswürdigen und reifen Menschen zusammen, denen wir unser Herz ausschütten und von denen wir lernen können.

Herr, ich bitte dich, dass du die Beziehungen meines Mannes zu allen seinen Angehörigen, Nachbarn und Bekannten segnest. Hilf ihm und den anderen, sich gegenseitig so anzunehmen, wie sie sind. Wo es Streit gab, führe eine Versöhnung herbei und kläre alle Missverständnisse, die sich zwischen ihnen aufgetürmt haben.

Lass meinen Mann seinen Vater und seine Mutter ehren, damit er lange lebt und du deinen Segen über ihm ausschütten kannst (2. Mose 20,12). Gib ihm die Fähigkeit, anderen Menschen bereitwillig zu vergeben, und bewahre ihn davor, irgendeinen Groll mit sich herumzuschleppen. Herr, du hast in deinem Wort gesagt:

»Wer aber seinen Bruder nicht liebt, lebt in der Dunkelheit. Er tappt im Dunkeln und weiß nicht, wo sein Weg endet; denn die Dunkelheit hat ihn blind gemacht« (1. Johannes 2,11). Lass meinen Mann nie die Orientierung verlieren, sondern hilf ihm, im Licht deiner Gnade zu leben. Bewahre ihn davor, andere zu verachten oder zu verurteilen, und erinnere ihn daran, dass wir alle einmal vor dir stehen und von dir gerichtet werden (Römer 14,10). Hilf ihm, seine Feinde zu lieben und für die zu beten, die ihn verfolgen (Matthäus 5,44).

Mach mich zu seinem allerbesten Freund und lass unsere Beziehung immer enger werden. Zeig ihm, was es bedeutet, ein wahrer Freund zu sein, und gib ihm die Kraft, seinen Teil dazu beizutragen.

Kraft aus Gottes Wort

Spornt euch gegenseitig zu Liebe
und zu guten Taten an. Und lasst
uns unsere Zusammenkünfte nicht versäumen,
wie einige es tun, sondern
ermutigt und ermahnt einander, besonders
jetzt, da der Tag seiner Wiederkehr näher rückt!

Hebräer 10,24-25

Wenn ihr also vor dem Altar im
Tempel steht, um zu opfern, und es
fällt euch mit einem Mal ein, dass jemand
etwas gegen euch hat, dann
lasst euer Opfer vor dem Altar liegen,
geht zu dem Betreffenden und versöhnt
euch mit ihm. Erst dann kommt
zurück und bringt Gott euer Opfer dar.

Matthäus 5,23-24

Wenn wir wie Christus im Licht Gottes leben,
dann haben wir Gemeinschaft miteinander,
und das Blut von Jesus,
seinem Sohn, reinigt uns von jeder Schuld.
1. Johannes 1,7

Ich warne euch!
Wenn dein Bruder sündigt, dann ermahne
ihn, und wenn er Reue zeigt
und von seinem Weg umkehrt, vergib
ihm. Und wenn er dir sieben Mal am
Tag unrecht tut und jedes Mal umkehrt
und um Vergebung bittet, vergib ihm.
Lukas 17,3-4

So gebe ich euch nun ein neues Gebot:
Liebt einander. So wie ich euch geliebt habe,
sollt auch ihr einander lieben.
Eure Liebe zueinander
wird der Welt zeigen, dass ihr meine Jünger seid.
Johannes 13,34-35

KAPITEL 18

Sein Vatersein

Als ich meinen Mann bat, mir von seinen größten Ängsten zu erzählen, nannte er unter anderem die Angst, dass er kein guter Vater sein könnte. »Ich glaube, dass diese Befürchtung unter Männern weit verbreitet ist«, meinte er. »Wir sind so sehr mit unserer Arbeit beschäftigt, dass wir uns irgendwann fragen, ob wir eigentlich genug Zeit mit unseren Kindern verbringen. Gleichzeitig überlegen wir, ob wir sie richtig behandeln und ob wir womöglich etwas Wichtiges versäumt haben. Sobald die Kinder im Teenageralter sind, werden unsere Ängste noch größer. Wir befürchten, dass sie uns nicht mehr ernst nehmen, weil sie uns für zu engstirnig und altmodisch halten.«

Michaels Worte gaben mir zu denken, und ich entschloss mich, dafür zu beten, dass er ein guter Vater sein würde. Meine Fürbitte hatte tatsächlich Erfolg, denn ich bemerkte, dass er viel geduldiger mit unseren Kindern umging und seine Eignung zum Vater nicht mehr so oft anzweifelte. Er war entspannter als früher und genoss es, mit unseren Kindern zusammen zu sein. Mit der Zeit plagten ihn nicht mehr so viele Schuldgefühle und er wurde nicht mehr so zornig, wenn wir die Kinder bestrafen mussten. Inzwischen hat Michael begriffen, dass die Schwächen unserer Kinder kein Beweis dafür sind, dass er ein schlechter Vater wäre.

Da viele Väter sich unzulänglich fühlen oder Angst davor haben, in ihrer Rolle als Vater zu versagen, ziehen sie sich in ihr Schneckenhaus zurück und beteiligen sich gar nicht mehr an der Erziehung ihrer Kinder. Manche geben sich so große Mühe, alles richtig zu machen, dass sie zu Haustyrannen werden, und wieder andere sind so frustriert, dass sie ihre Familie im Stich lassen. Wenn ein Mann glaubt, dass er bereits auf anderen Gebieten versagt hat, fühlt er sich dieser Herausforderung erst recht nicht gewachsen.

Natürlich werden auch Mütter immer wieder von dem Gefühl der Unzulänglichkeit überwältigt, aber es muss schon einiges geschehen, damit eine Mutter ihr Kind tatsächlich vernachlässigt oder schlecht behandelt. Der Grund dafür ist, dass wir Frauen vom Moment der Zeugung an bereits ganz eng mit unserem Kind verbunden sind. Wir tragen es unter unserem Herzen, nähren und pflegen es und investieren beinahe unendlich viel Geduld und Aufmerksamkeit, während unsere Kinder heranwachsen. Männern fehlt dieses selbstverständliche Zusammengehörigkeitsgefühl und es kommt ihnen manchmal so vor, als müssten sie erst einmal einen Zugang zu ihrem Kind finden. Wenn dann noch hinzukommt, dass ein Mann viel Zeit und Energie für seinen Beruf aufwenden muss, fühlt er sich als Vater oft überflüssig und unnütz. Durch unsere Fürbitte können wir dazu beitragen, diese Situation zu entschärfen.

Haben Sie schon einmal erlebt, dass jemand für Sie gebetet hat, als Sie einfach nicht mehr klar denken konnten, und dann ging Ihnen plötzlich ein Licht auf? Ich habe diese Erfahrung schon unzählige Male gemacht, und ich bin davon überzeugt, dass wir im Gebet dafür eintreten können, dass Gott unserem Mann immer wieder solche »Aha-Erlebnisse« schenkt. Durch unsere Fürbitte können wir gegen Zweifel und quälende Minderwertigkeitsgefühle ankämpfen und ihm helfen zu sehen, was es bedeutet, ein guter Vater zu sein. Wir sollten dafür beten, dass unser Partner sich vom Heiligen Geist leiten lässt, damit er jede künftige Herausforderung bewältigen kann.

Michael erinnert sich noch gut an einen besonderen Vorfall, als meine Gebete ihm dabei halfen, ein guter Vater zu sein. Damals hatten wir unseren siebenjährigen Sohn Christopher bei einer Lüge ertappt und wollten erreichen, dass er sein Unrecht zugab und es auch wirklich bereute. Da Christopher eigensinnig blieb und Michael ihm eine Lektion erteilen wollte, bat er mich, für diese

Situation zu beten. Während ich betete, wurde meinem Mann klar, was er zu unserem Sohn sagen sollte. Er nahm ein Blatt Papier und zeichnete ein Dreieck, an dessen Spitzen er jeweils ein Bild von Gott, Satan und Christopher malte. Dann erklärte er dem kleinen Jungen, dass Satan einen bösen Plan für sein Leben habe, während Gott es nur gut mit ihm meint. Unehrlichkeit gehöre zu den Dingen, durch die der Teufel ihn von Gott wegziehen wolle, und wenn Satan tatsächlich Erfolg hätte, würde sich Christopher immer weiter von Gott entfernen. Michaels Beschreibung machte einen so tiefen Eindruck auf Christopher, dass er seine Lüge voller Reue eingestand, und mein Mann war sich völlig darüber im Klaren, dass er ohne die Führung des Heiligen Geistes niemals in der Lage gewesen wäre, zum Innersten unseres Sohnes durchzudringen.

Die beste Methode, wie man ein guter Vater wird, ist Gott kennen zu lernen und ihn nachzuahmen. Je mehr Zeit unser Mann in der Gegenwart Gottes verbringt, desto positiver wird sein Einfluss auf seine Kinder. Er wird ein wahres Vaterherz bekommen, weil er eine enge Beziehung zu seinem himmlischen Vater hat. Falls Ihr Mann zu seinem irdischen Vater keine gute Beziehung hatte, hat er vielleicht an diesem Punkt zu kämpfen, denn die Erfahrungen mit unserem leiblichen Vater beeinflussen unsere Haltung gegenüber Gott. Wenn Ihr Mann von seinem irdischen Vater verlassen wurde, fürchtet er womöglich, Gott könnte ihn eines Tages ebenfalls im Stich lassen. Ein distanzierter und gleichgültiger Vater kann in uns die Angst hervorrufen, Gott könnte sich ebenfalls von uns zurückziehen, und falls wir an der Liebe unseres leiblichen Vaters gezweifelt haben, hegen wir diese Zweifel vermutlich auch gegenüber unserem Vater im Himmel. Negative Erfahrungen, die uns bitter und zornig haben werden lassen, können zu einem Hindernis werden, das uns davon abhält, Gottes Liebe an unserem eigenen Leib zu erfahren. Natürlich übertragen wir diese Ängste und Befürchtungen auch auf unsere Kinder.

Beten Sie dafür, dass Ihr Mann immer besser begreift, wie sehr er von seinem himmlischen Vater geliebt wird, und bitten Sie Gott, ihn von allen falschen Vorstellungen zu befreien. Auch wenn er von seinem irdischen Vater verletzt wurde und Gott die Schuld dafür gegeben hat, kann Gott seine Seele heilen. Die Bibel sagt: »Wenn du deinen Vater oder deine Mutter verfluchst, wird es dir ergehen wie einem, dessen Lampe in dunkelster Nacht erlöscht« (Sprüche 20,20). Solange Ihr Mann seinem eigenen Vater nicht verziehen hat, wird er im Dunkeln tappen und nicht wissen, wie er seinen Kindern ein guter Vater sein kann. Um diese Beziehung zu klären, ist es nicht notwendig, dass der Vater Ihres Mannes noch am Leben ist, denn es kommt ausschließlich auf die Herzenshaltung Ihres Mannes an. Beten Sie dafür, dass Ihr Mann das richtige Verhältnis zu seinem irdischen Vater hat, damit der Beziehung zu seinem himmlischen Vater nichts im Wege steht.

Männer sind sich häufig gar nicht dessen bewusst, wie viel sie ihren Kindern bedeuten, und glauben womöglich, dass es nur darauf ankommt, dass sie ihre Familie in materieller Hinsicht versorgen. Doch wir dürfen den Einfluss, den ein Vater auf seine Kinder hat, niemals unterschätzen. Wie er mit ihnen umgeht, wird ihr ganzes zukünftiges Leben prägen. Auch für Ihren Mann ist es wichtig, wie er mit seiner Vaterrolle zurechtkommt, denn falls er auf diesem Gebiet versagt, wird er sich immer irgendwie schuldig fühlen. Wenn er jedoch weiß, dass seine Kinder ihn lieben und er ein guter Vater ist, wird diese Gewissheit alle übrigen Erfolge bei weitem übertreffen.

Gebet

Herr, bitte lehre meinen Mann, ein guter Vater zu sein. Falls sein eigener Vater kein gutes Vorbild war, bitte ich dich, dass du ihn heilst und ihm hilfst, seinem irdischen Vater zu vergeben. Mach ihm deutlich, wie sehr du ihn liebst, und schenke ihm ein tiefes Verlangen, dich als seinen himmlischen Vater kennen zu lernen.

Lass ihn den Wunsch verspüren viel Zeit in deiner Gegenwart zu verbringen, damit er dir immer ähnlicher wird und immer besser versteht, wie groß deine Barmherzigkeit ist. Gib ihm die richtige Einstellung zu unseren Kindern und hilf ihm, liebevoll und konsequent mit ihnen umzugehen. Herr, du forderst Gehorsam und ermahnst uns, aber du bemerkst auch sofort, wenn wir unsere Fehler bereuen. Verändere meinen Mann, so dass er unsere Kinder ebenso behandeln kann, und zeig ihm, wann und wie er sie bestrafen soll. Lass ihn erkennen: »Wer seinen Sohn liebt, erzieht ihn beizeiten« (Sprüche 13,24). Hilf meinem Mann unsere Kinder nicht so zu behandeln, dass sie widerspenstig werden, sondern sie mit Wort und Tat so zu erziehen, wie es dir gefällt (Epheser 6,4). Lass uns in der Erziehung unserer Kinder grundsätzlich dieselben Ziele verfolgen und die Richtlinien für unsere Familie gemeinsam festlegen. Bewahre uns vor Auseinandersetzungen und lass uns niemals darüber streiten, welche Freiheiten wir unseren Kindern zugestehen sollen.

Gib meinem Mann die Fähigkeit, auf unsere Kinder richtig einzugehen, und lass ihn niemals hart, grausam, kalt, verletzend, gleichgültig, passiv, kritisch, schwach, uninteressiert, nachlässig oder verantwortungslos handeln. Mach ihn zu einem gütigen, liebenden, warmherzigen, mitfühlenden, ermutigenden, starken, konsequenten, verlässlichen und geduldigen Vater, denn dann wird es unseren Kindern leicht fallen, ihn als ihren Vater zu ehren, damit sie ein langes und gesegnetes Leben haben werden.

Herr, ich weiß, dass wir ein geistliches Erbe an unsere Kinder weitergeben. Hilf meinem Mann, damit er unseren Kindern die Werte vermittelt, die dein Heiliger Geist in seinem Herzen verankert hat. Lass ihn ein gutes Vorbild dafür sein, wie sie sich deinen Geboten unterordnen sollen. Schenke ihm viel Freude an unseren Kindern und erwecke in ihm das Verlangen, aktiv an ihrer Erziehung beteiligt zu sein. Herr, ich weiß, dass mein Mann sich sehr wünscht, ein guter Vater zu sein, und ich bitte dich, dass du ihm diesen Herzenswunsch erfüllst.

Kraft aus Gottes Wort

Enkelkinder sind der Ruhm der Alten;
Eltern sind der Stolz ihrer Kinder.

Sprüche 17,6

Denn der Herr weist die zurecht, die er liebt,
so wie ein Vater seinen Sohn zurechtweist,
an dem er Freude hat.

Sprüche 3,12

Der Vater, dessen Kind in Gottes Augen
gerecht ist, hat Grund zur Freude.
Welch eine Freude ist es, ein Kind zu
haben, das weise ist.

Sprüche 23,24

Weise dein Kind zurecht und es
wird dir Freude und Zufriedenheit bereiten.

Sprüche 29,17

Ich werde euer Vater sein und
ihr werdet meine Söhne und Töchter
sein, spricht der Herr, der Allmächtige.

2. Korinther 6,18

KAPITEL 19

Seine Vergangenheit

Als Michael neunzehn Jahre alt war, bekam er einen Nervenzusammenbruch, weil er sich völlig verausgabt hatte. Tagsüber absolvierte er ein Vollzeitstudium, und nachmittags und abends komponierte und arrangierte er oder spielte in verschiedenen Lokalen Klavier oder Schlagzeug. Er war ständig im Stress, schlief viel zu wenig und arbeitete sich beinahe zu Tode. Michaels Hausarzt schlug deshalb vor, ihn in eine nahe gelegene psychiatrische Klinik zu bringen, wo er eine Zeit lang völlig abschalten und sich erholen konnte. Später erzählte mir meine Schwiegermutter, dass sowohl der Arzt als auch sie selbst diese Entscheidung hinterher bitter bereuten, doch zum damaligen Zeitpunkt sahen sie keine andere Möglichkeit. Dieser zweiwöchige Klinikaufenthalt wurde für Michael jedoch zu einem einzigen Alptraum. Er war entsetzt über das merkwürdige und abartige Verhalten vieler Patienten und wurde von der panischen Angst ergriffen, dass er aus dieser Klinik nie wieder herauskommen würde. Als er schließlich sein Studium wieder aufnahm, schränkte er zwar seine Nebenbeschäftigungen ein, aber dafür hatte er eine neue Furcht kennen gelernt.

Seit wir verheiratet sind, kam es schon einige Male vor, dass Michael so unter Druck stand und so hart arbeitete, dass er auf einen weiteren Zusammenbruch zusteuerte. Jedes Mal erinnerte er sich an den Horror, den er als Neunzehnjähriger erlebt hatte, und die Schreckgespenster der Vergangenheit flüsterten ihm höhnisch ins Ohr: »Warte nur ab, bis du in der Psychiatrie eingeliefert wirst und sie dich nie wieder herauslassen!« In jenen

Augenblicken waren meine Gebete für ihn am allerwichtigsten, denn ich betete dafür, dass er die Wahrheit erkennen und dass sie ihn frei machen würde (Johannes 8,32). Ich bat Gott, meinen Mann von seiner Vergangenheit zu befreien, und obgleich dies ein langsamer Prozess ist, konnte ich nach jeder Fürbitte konkrete Auswirkungen feststellen.

Wir dürfen nicht in der Vergangenheit leben, sondern können aus ihr lernen und wie der Apostel Paulus sagen: »Ich lasse alles hinter mir und sehe nur noch, was vor mir liegt. Ich halte geradewegs auf das Ziel zu, um den Siegespreis zu gewinnen. Dieser Preis ist das ewige Leben, zu dem Gott mich durch Jesus Christus berufen hat« (Philipper 3,13-14). Gott möchte uns von allem erlösen, was uns belastet, und alle unsere seelischen Verletzungen heilen. Deshalb sollten wir mit der Erwartung zu ihm kommen, dass er uns von quälenden Erinnerungen befreien und alle Bindungen an die Vergangenheit durchschneiden wird. Unser himmlischer Vater möchte das Unglück, das wir erlebt haben, wieder gutmachen (Psalm 90,15), aber wir müssen ihm von ganzem Herzen vertrauen. Solange wir die Vergangenheit krampfhaft festhalten, können wir nicht in die Zukunft gehen, die Gott für uns bereithält.

Die Vergangenheit Ihres Mannes betrifft jedoch nicht nur ihn selbst, sondern auch Ihre Kinder. Wir vererben unserem Nachwuchs viel mehr als unsere Haarfarbe oder andere körperliche Merkmale, denn wir vermitteln ihnen auch die guten oder schlechten Erfahrungen, die wir gemacht haben. Falls wir selber unter einer Scheidung, unserem jähzornigen Temperament oder Depressionen leiden, geben wir dieses Erbe auch an unsere Kinder weiter. Daher führt jeder Schritt, den Ihr Mann macht, um sich von seiner Vergangenheit zu lösen, Ihre Kinder in eine größere Freiheit. Solange wir uns an die Vergangenheit klammern, verpassen wir viele Dinge, die Gott uns schenken möchte, und blockieren sogar seinen Segen für unsere Kinder.

Vermutlich liegen die Ereignisse, die Ihren Mann am nachhaltigsten beeinflussen, in seiner Kindheit. Unsere Familienangehörigen prägen unser zukünftiges Leben, und zwar sowohl durch das, was sie tun, als auch durch die Dinge, die sie unterlassen.

Wenn wir bereits als Kind in eine bestimmte Schublade gesteckt wurden und als »dick«, »dumm«, »schwerfällig«, »zu langsam«, »Brillenschlange«, »Versager« oder »Idiot« bezeichnet wurden, kommen wir von diesen Urteilen kaum los und leiden auch noch als Erwachsener darunter. Natürlich können wir nicht so tun, als ob das Vergangene nie passiert wäre, aber wir können dafür beten, dass die Vergangenheit keine Auswirkungen mehr auf unsere Gegenwart hat. Niemand ist dazu verdammt, ewig mit negativen Erinnerungen leben zu müssen.

Gott sagt, dass wir ihn um Befreiung bitten, seine Gebote befolgen und die Wahrheit aussprechen sollen, und dann wird er uns von unserer Vergangenheit erlösen. Allerdings gibt es verschiedene Ebenen der Freiheit. Vielleicht hat Ihr Mann geglaubt, dass er bestimmte Dinge längst bewältigt hätte, und plötzlich tauchen die früheren Schreckgespenster wieder auf und vermitteln ihm das Gefühl, dass er wieder ganz am Anfang steht. Sagen Sie ihm, dass er sich dadurch nicht entmutigen lassen soll. Wenn er sein Leben unter Gottes Herrschaft gestellt hat, möchte Gott ihn womöglich auf eine höhere Ebene der Freiheit führen, und in diesem Prozess können Ihre Gebete ihn Schritt für Schritt begleiten.

Manchmal befreit Gott uns ganz rasch von unserer Vergangenheit, und manchmal geschieht es Schritt für Schritt — je nachdem, was Gott uns beibringen möchte. Das Problem dabei ist, dass wir Gott nicht zwingen können, so oder so zu handeln, sondern auf sein Eingreifen warten müssen. Beten Sie unermüdlich, ganz egal, wie lange es dauert, bis die Stimmen aus der Vergangenheit verstummen und Ihr Mann nicht mehr von ihnen geplagt wird.

Gebet

Herr, bitte schenke meinem Mann die Kraft, die Vergangenheit völlig loszulassen. Befreie ihn von allen Bindungen, die ihn gefangen halten, und hilf ihm, seine frühere Lebensweise abzulegen.

Erneuere sein Denken durch den Geist, den du ihm gegeben hast (Epheser 4,22-23). Erweitere seinen Horizont, damit er begreift, dass du alles neu machen wirst (Offenbarung 21,5). Zeig ihm durch deinen Heiligen Geist, wie er mit negativen Erlebnissen umgehen soll, und gib ihm das richtige Urteilsvermögen, so dass er deine Stimme von den Einflüssen aus seiner Vergangenheit unterscheiden kann. Sollten alte Schreckgespenster auftauchen, dann schenke ihm den Mut, ihnen mit deinem Wort den Mund zu stopfen.

Bewahre ihn davor, frühere Ängste und Verletzungen auf die Gegenwart zu übertragen, und fülle sein Herz mit deiner Liebe, damit Bitterkeit, Groll und Rachegedanken keinen Platz darin haben. Lass ihn seine Vergangenheit nur als eine notwendige Lektion und nicht als Maßstab für die Zukunft betrachten. Heile ihn von allen quälenden Erinnerungen und verbinde seine Wunden (Psalm 147,3). Gib ihm neue Kraft (Psalm 23,3) und hilf ihm, dir seine Vergangenheit zu übergeben. Hilf ihm, nicht über Vergangenes nachzudenken, sondern daraus zu lernen, sich von schlechten Angewohnheiten zu befreien und in die Zukunft zu gehen, die du für ihn bereit hältst.

Kraft aus Gottes Wort

Denkt nicht mehr daran, was war
und grübelt nicht mehr über das Vergangene.
Seht hin; ich mache etwas Neues;
schon keimt es auf. Seht ihr es nicht?
Ich bahne einen Weg durch die Wüste
und lasse Flüsse in der Einöde entstehen.

Jesaja 43,18-19

Das bedeutet aber,
wer mit Christus lebt, wird ein neuer
Mensch. Er ist nicht mehr derselbe,
denn sein altes Leben ist vorbei. Ein
neues Leben hat begonnen!

2. Korinther 5,17

Deshalb sollt ihr euer altes Wesen
und eure frühere Lebensweise ablegen,
die durch und durch verdorben war
und euch durch trügerische Leidenschaften
zugrunde richtete. Lasst
euch stattdessen einen neuen Geist
und ein verändertes Denken geben.
Als neue Menschen, geschaffen nach
dem Ebenbild Gottes und zur Gerechtigkeit,
Heiligkeit und Wahrheit berufen,
sollt ihr auch ein neues Wesen annehmen.

Epheser 4,22-24

Deshalb geben wir nie auf. Unser
Körper mag sterben, doch unser Geist
wird jeden Tag erneuert.

2. Korinther 4,16

Er wird alle ihre Tränen abwischen,
und es wird keinen Tod und
keine Trauer und kein Weinen und keinen
Schmerz mehr geben. Denn die
erste Welt mit ihrem ganzen Unheil ist
für immer vergangen.

Offenbarung 21,4

KAPITEL 20

Seine Einstellung

Niemand freut sich über die Anwesenheit eines notorischen Nörglers, denn schließlich ist das Leben schon hart genug, ohne dass uns ständig jemand etwas vorjammert. Ich kenne einen Mann, der sich so an seine schlechte Laune gewöhnt hat, dass er an allem etwas auszusetzen hat — sogar an eindeutig positiven Dingen. Selbst wenn sich alles nach seinen Wünschen richtet, findet er irgendein Haar in der Suppe, über das er sich beklagen kann. Als er noch ein Kind war, haben seine Eltern ihm diese Haltung anerzogen, und wahrscheinlich hat ihm nie jemand gezeigt, wie man das Leben genießt. Trotzdem ist es unsere eigene Entscheidung, ob wir uns als Erwachsene immer noch von unserer Vergangenheit kontrollieren lassen. Falls dieser Mann sich nicht ändert, wird er nie glücklich werden und zudem allen Leuten um ihn herum die gute Laune vermiesen.

Ohne Namen zu nennen, kann ich Ihnen versichern, dass ich eine Expertin bin, wenn es darum geht, für eine Person mit einer negativen Einstellung zu beten. Allerdings hat es eine ganze Weile gedauert, bis ich aufhörte, meinerseits negativ zu reagieren, und stattdessen anfing, diese Sache im Gebet vor Gott zu bringen. Es hat sich wirklich gelohnt, auch wenn dieser Prozess noch nicht vollständig abgeschlossen ist. Jedes Mal, wenn ich dafür gebetet habe, dass jene Person mit dem Geist der Freude erfüllt wird, geschahen sichtbare Veränderungen und meine eigene Einstellung hat sich ebenfalls verbessert.

Es gibt verschiedene Gründe, weshalb ein Mensch immer ärgerlich, verdrießlich oder mürrisch ist, aber nur eine einzige

Ursache, weshalb er diese negative Einstellung behält. Unser Eigensinn hindert uns daran, die Liebe Gottes anzunehmen, und die Bibel betont sehr deutlich, dass wir selbst dafür verantwortlich sind, ob wir unser Herz der Liebe Gottes öffnen (Psalm 101,4) oder uns vor ihr verschließen (Sprüche 28,14). Wir können niemand anderem die Schuld für unsere Verdrießlichkeit geben, sondern müssen uns dafür entscheiden, die Liebe Gottes anzunehmen. Dann wird unsere innere Haltung davon geprägt, dass wir Gott in allen Dingen dankbar sind.

Durch einen Partner, der eine negative Einstellung hat und ständig schlecht gelaunt ist, wird eine gute Ehe anstrengend und eine schwierige Beziehung unerträglich. Seine innere Haltung wirkt sich auf jeden Lebensbereich aus und dämpft die Freude seiner Mitmenschen. Natürlich haben Sie den Willen Ihres Mannes nicht unter Kontrolle, aber Sie können dafür beten, dass er sich Gottes Willen unterordnet. Bitten Sie Gott, ihm ein reines Herz zu schenken, denn die Bibel verspricht, dass alle, die im Herzen rein sind, Gott sehen werden (Matthäus 5,8). In Sprüche 15,13 heißt es: »Freude zeigt sich am strahlenden Gesicht«, und ich nehme an, dass jeder von uns sich über ein strahlendes Gesicht in seiner unmittelbaren Nähe freuen würde. Beten Sie dafür, dass Gott das Herz Ihres Mannes mit Dankbarkeit, Liebe und Freude füllt, denn »ein guter Mensch bringt Gutes hervor, weil er im Innersten gut ist« (Matthäus 12,35). Selbst wenn nach Ihrer Fürbitte keine augenblickliche Veränderung eintritt, wird Ihr Mann zweifellos durch Ihre Gebete beeinflusst. Und während Sie unermüdlich im Gebet für ihn eintreten, bekommen Sie selbst ebenfalls eine bessere Einstellung.

Gebet

Herr, bitte erfülle meinen Mann heute mit deiner Liebe und deinem Frieden. Mach ihn ruhig, gelassen und zufrieden, weil er dir nachfolgt und sich nicht von seiner menschlichen Selbstsucht leiten lässt. Lass ihn mit redlichem Herzen unter denen leben, die ihn umgeben (Psalm 101,2). Zeig ihm deine Nähe und erfülle ihn mit deiner Liebe. Hilf ihm, freundlich und geduldig zu sein und sich nicht so leicht provozieren zu lassen. Mach, dass er nie jemanden aufgibt, in jeder Lage für andere hofft und vertraut und alles mit großer Geduld ertragen kann (1. Korinther 13,7). Befreie ihn von Zorn, Rastlosigkeit, Sorgen, Angst, innerem Aufruhr, Konflikten und Druck. Lass keinen Kummer sich auf sein Gemüt legen (Sprüche 15,13), sondern jeden Tag für ihn ein Festtag sein (Sprüche 15,15). Schenke ihm einen Geist der Freude und bewahre ihn davor, zu einem mürrischen alten Mann zu werden. Gib, dass er sich nie Sorgen macht, sondern sich in jeder Lage voller Dankbarkeit an dich wendet, damit der Frieden Gottes, der alles menschliche Begreifen weit übersteigt, sein Denken und Wollen im Guten bewahrt, geborgen in der Gemeinschaft mit Jesus Christus (Philipper 4,6-7). Lass ihn wie Paulus sagen können: »Ich habe gelernt, in jeder Lage zurechtzukommen und nicht von äußeren Umständen abhängig zu sein« (Philipper 4,11). Danke, Herr, dass dieser priesterliche Segen auch für meinen Mann gilt: »Der Herr segne euch und beschütze euch! Der Herr blicke euch freundlich an und schenke euch seine Liebe! Der Herr wende euch sein Angesicht zu und gebe euch Glück und Frieden!« (4. Mose 6,24-26)

Kraft aus Gottes Wort

Sorgt euch um nichts, sondern betet um alles. Sagt Gott, was ihr braucht, und dankt ihm. Ihr werdet Gottes Frieden erfahren, der größer ist, als unser menschlicher Verstand es je begreifen kann. Sein Friede wird eure Herzen und Gedanken im Glauben an Jesus Christus bewahren.

Philipper 4,6-7

Trennt euch von euren Verfehlungen,
die ihr begangen habt, und erneuert eure Herzen
und euren Geist. Denn warum wollt
ihr sterben, Volk der Israeliten?

Hesekiel 18,31

Ein Mensch ohne Selbstbeherrschung
ist so schutzlos wie eine Stadt
mit eingerissenen Mauern.

Sprüche 25,28

Wenn ich die Gabe
der Prophetie hätte und wüsste alle
Geheimnisse und hätte jede Erkenntnis
und wenn ich einen Glauben hätte, der
Berge versetzen könnte, aber keine
Liebe hätte, so wäre ich nichts.

1. Korinther 13,2

Geht durch die Tempeltore mit Dank,
tretet ein in seine Vorhöfe mit Lobgesang.
Dankt ihm und lobt seinen Namen.

Psalm 100,4

KAPITEL 21

Seine Ehe

Wenn ich mir als Single überlegte, welche Eigenschaften mein zukünftiger Ehemann haben müsste, war einer der wichtigsten Punkte, dass er sich überhaupt nicht für Sport interessieren sollte. Ich war nicht geneigt, den Rest meines Lebens mit jemandem zu verbringen, der in jedem freien Augenblick auf dem Sofa sitzen und mit der Fernbedienung alle Kanäle nach einer Sportsendung absuchen würde. Deshalb war meine Begeisterung groß, als Michael am Anfang unserer Bekanntschaft erwähnte, er finde Sport langweilig. Können Sie sich vorstellen, wie schockiert ich war, als er sich nach einigen Ehejahren nicht bloß für Sport interessierte, sondern geradezu davon besessen wurde? Wenn seine Lieblingsmannschaft verlor, hatte der Rest der Familie nichts zu lachen, und falls die »Chicago Bears« tatsächlich gewannen, wurden wir beinahe taub von seinen Jubelrufen. Michael gab sich nicht etwa damit zufrieden, ab und zu ein Spiel anzusehen — nein, er durfte kein einziges verpassen. Als leidenschaftlicher Fan war er an T-Shirt und Kappe schon von weitem zu erkennen, und im Stadion brüllte er lauter als alle anderen. Zunächst begleitete ich ihn zu einigen Spielen, doch ich stellte fest, dass mich der Imbissstand mehr interessierte als die Abläufe auf dem Spielfeld. Zu Hause versuchte ich ebenfalls, ihm bei den Sportsendungen Gesellschaft zu leisten, und renkte mir vor Langeweile beinahe den Kiefer aus. Irgendwann zog ich grollend die Bilanz, dass meinem Mann der Sport anscheinend wichtiger war als seine Familie.

Dieser Zustand änderte sich erst einige Jahre später, als ich anfing, intensiv für unsere Ehe zu beten. Aus unerklärlichen Gründen tat Gott mir allerdings nicht den Gefallen, meinem Mann das Interesse am Sport zu nehmen, sondern er gab *mir* einen inneren Frieden und eine neue Einstellung zu diesem Thema. Michael und ich schlossen einen Kompromiss, der folgendermaßen lautete: Ich würde nicht mehr von ihm fordern, auf die Spiele zu verzichten, während er mich nicht mehr zwingen sollte, Interesse daran vorzutäuschen. Ich würde ihm nie wieder vorhalten, er hätte mich vor unserer Ehe in diesem Punkt absichtlich belogen, und er würde sich nicht mehr über meine Engstirnigkeit beklagen. Vielleicht kommt Ihnen dieses Problem unbedeutend vor, aber in einer Beziehung können sich solche Kleinigkeiten zu einem so hohen Berg auftürmen, dass er praktisch unüberwindbar wird und beide Partner für immer voneinander trennt.

Nur indem wir für *jeden* Bereich unserer Ehe beten, ersticken wir den Grund für eine Scheidung bereits im Keim. Wir dürfen keinen wichtigen Bereich auslassen, selbst wenn wir glauben, dass unsere Ehe an diesem Punkt unantastbar wäre. Ich habe von Anfang an dafür gebetet, dass Michael und ich niemals Ehebruch begehen oder uns scheiden lassen würden. Zwar kamen weder in seiner noch in meiner Familie solche Dinge vor, doch in unserer Gesellschaft ist beides so weit verbreitet, dass es in manchen Kreisen fast schon zum guten Ton gehört. Deshalb habe ich Gott gebeten, uns vor solchen zerstörerischen Einflüssen zu bewahren, und er hat meine Gebete erhört.

Es ist großartig, wenn zwei Menschen am Anfang ihrer Ehe beschließen, alles dafür zu tun, damit diese Beziehung funktioniert. Unglücklicherweise hegen viele Leute jedoch vorgefasste Meinungen über ihren Partner oder ihre Ehe, und wenn sie dann plötzlich mit der Wirklichkeit in Berührung kommen, ist der Jammer groß. Aus diesem Grund müssen wir unermüdlich dafür beten, dass unrealistische Erwartungen ans Licht kommen und voneinander abweichende Vorstellungen offen ausgesprochen werden. Bitten Sie Gott, dass er Sie beide immer enger zusammenwachsen lässt und durch das Band der Hingabe und Freundschaft miteinander vereint. Auch in unserer Ehe sollte sich die Verheißung Jesu erfüllen: »Denn wo zwei oder drei in meinem Namen zusammenkommen, da bin ich selbst in ihrer Mitte« (Matthäus 18,20). Falls einer von Ihnen schon einmal verheiratet war, sollten Sie Gott bitten, dass Ihre Ehe nicht von negativen Erinnerungen belastet wird. Lösen Sie sich ganz bewusst von jeder früheren Beziehung, denn Sie können nicht in die Zukunft gehen, solange Sie noch mit einem Fuß in der Vergangenheit stecken.

Betrachten Sie Ihre Ehe nie als etwas Selbstverständliches, ganz egal, wie harmonisch sie ist. Paulus ermahnt uns in 1. Korinther 10,12: »Du meinst sicher zu stehen? Gib Acht, dass du nicht fällst!« Bitten Sie Gott, Ihre Ehe mit seinem Schutz zu umgeben und sie vor allen zerstörerischen Einflüssen oder Personen zu bewahren. Beten Sie dafür, dass Gott jede nötige Maßnahme ergreift, um Ihre Ehe zu retten, selbst wenn er einen von Ihnen mit der Holzhammer-Methode davon überzeugen müsste, dass diese Beziehung sich lohnt. Möge Ihre Ehe für Sie beide eine Quelle der Freude und Kraft sein und niemals zu einem stumpfsinnigen Trott, einer Unannehmlichkeit, einem Horror oder einem vorübergehenden Zustand werden.

Gebet

Herr, ich bitte dich, dass du unsere Ehe vor allen Dingen bewahrst, die ihr schaden oder sie gefährden könnten. Schütze unsere Beziehung vor unserer eigenen Selbstsucht und Nachlässigkeit, vor den bösen Plänen und Absichten anderer Menschen und vor ungesunden oder gefährlichen Situationen. Hilf uns, damit wir nie auch nur den geringsten Gedanken daran verschwenden, einander untreu zu sein oder uns gegenseitig im Stich zu lassen. Befreie uns von Verletzungen, schlechten Erinnerungen und allen Bindungen an frühere Beziehungen, und zeig uns, wo wir unrealistische Erwartungen aneinander stellen. Lass uns niemals irgendwelchen Minderwertigkeitsgefühlen Raum geben, die der Eifersucht vorausgehen. Bewahre uns vor schlechten Angewohnheiten oder zerstörerischen Einflüssen wie Alkoholabhängigkeit, Drogen, Spielsucht, Pornographie oder sexueller Zügellosigkeit.

Schweiße uns fest zusammen und lass uns durch das Band der Freundschaft, Hingabe und Großzügigkeit miteinander verbunden sein. Hilf uns, Verständnis füreinander aufzubringen, und nicht unreif oder feindselig zu reagieren. Erlöse uns von dem Gefühl der Unzulänglichkeit und schenke uns deinen Frieden. Zeig uns, wie wir uns die Zeit nehmen können, um unsere Freundschaft zu pflegen, und erinnere uns immer wieder daran, weshalb wir eigentlich geheiratet haben. Herr, ich bitte dich, dass mein Mann sein ganzes Leben vollständig deiner Herrschaft unterstellt, so dass er auch in schwierigen Situationen niemals in Erwägung zieht, mich zu verlassen. Lass unsere Liebe zueinander mit jedem Tag stärker werden, damit unsere Kinder nie unter einer Scheidung zu leiden haben werden.

Kraft aus Gottes Wort

Zwei haben es besser als einer allein:
Zusammen erhalten sie mehr Lohn für ihre Mühe.
Wenn sie hinfallen, kann einer dem anderen aufhelfen.
Doch wie schlecht ist der dran,
der allein ist und fällt, und keiner ist da,
der ihm beim Aufstehen hilft!

Prediger 4,9-10

Niemand, in dem noch ein Rest des Geistes war,
handelte so. Sondern er soll Nachkommen hervorbringen,
die zu Gott gehören.
Hüte dich deshalb bei deinem Leben
und brich der Frau deiner Jugend nicht die Treue.
»Denn ich hasse die Scheidung!«, spricht der Herr,

der Gott Israels. »Das ist, als ob man
sich eines Gewaltverbrechens schuldig macht«,
spricht der Herr, der Allmächtige.
»Nehmt euch deshalb in Acht und
brecht nicht die Treue!«

Maleachi 2,15-16

Haltet die Ehe in Ehren und bleibt einander treu!
Gott wird Menschen, die unzüchtig leben
und die Ehe brechen, ganz sicher richten.

Hebräer 13,4

Es können sich zwei,
die in einer kalten Nacht unter einer Decke liegen,
aneinander wärmen.
Doch wie kann einer, der alleine liegt, warm werden?

Prediger 4,11

Für die Verheirateten habe ich ein
Gebot, das nicht von mir kommt, sondern
vom Herrn. Eine Frau soll sich
nicht von ihrem Ehemann scheiden lassen.
Wenn sie sich aber doch von ihm
trennt, soll sie allein bleiben oder zu
ihm zurückkehren. Und ebenso soll
ein Mann seine Frau nicht wegschicken.

1. Korinther 7,10-11

KAPITEL 22

Seine Gefühle

Don war so jähzornig, dass seine Familie alles tat, um zu verhindern, dass er einen neuen Wutausbruch bekam. Durch seinen Zorn hatte er seine Frau und seine Kinder fest im Griff, aber sie gehorchten ihm eher aus Furcht als aus Liebe. Eines Tages wurde Dons Frau, Jenny, jedoch klar, dass sie das Verhalten ihres Mannes nicht länger hinnehmen musste. In Gottes Augen ist Zorn kein Kavaliersdelikt, sondern er fordert uns sogar auf: »Nimm keinen Jähzornigen zum Freund und verkehre nicht mit jemand, der sich nicht beherrschen kann. Sonst gewöhnst du dich an seine Unart und gefährdest dein Leben« (Sprüche 22,24-25).

Da Jenny ihren Mann liebte, aber sein Verhalten nicht billigen konnte, begann sie intensiv für ihn zu beten — sowohl allein als auch mit einigen Gebetspartnerinnen. Regelmäßig bat sie Gott, dass ihr Mann sich nicht länger von seinen Gefühlen kontrollieren lassen, sondern sich vollständig der Herrschaft des Heiligen Geistes unterstellen würde. Die Auswirkung ihrer Fürbitte war, dass Don nicht nur bemerkte, wie er sich bisher verhalten hatte, sondern auch die Kraft und den Mut fand, sein Wesen zu ändern. In Sprüche 21,14 heißt es, dass wir einem verärgerten Menschen heimlich ein Geschenk zustecken sollen, um ihn zu besänftigen. Ich bin fest davon überzeugt, dass Ihr Gebet das schönste Geschenk ist, das Sie Ihrem Mann machen können, und es wird zweifellos seine Wirkung haben.

Chad wurde jahrelang von chronischen Depressionen geplagt, und obwohl seine Frau Marilyn eine heitere Natur besaß, wurde sie von seiner Niedergeschlagenheit förmlich angesteckt und empfand dieselbe Hoffnungslosigkeit wie er. Dann las sie eines Tages in den Psalmen und stellte fest, dass König David genau das erlebt hatte, was ihr Mann gerade durchmachte: »Ich habe mehr als genug gelitten, mit einem Fuß stehe ich schon im Grab. Alle meinen, mit mir sei es aus; die Kräfte schwinden mir, ich kann nicht mehr« (Psalm 88,4-5). »Gebeugt von Schmerzen, zerschlagen und voll Kummer schleppe ich mich von einem Tag zum andern . . . Mit meiner Kraft bin ich völlig am Ende, die Qual ist zu groß, ich kann nur noch schreien« (Psalm 38,7+9).

Marilyn erkannte, dass König David trotz seiner großen Verzweiflung eine neue Hoffnung fand und die Depressionen bewältigen konnte: »Herr, mein Gott, ich schrie zu dir um Hilfe, und du hast mich wieder gesund gemacht. Du hast mich von den Toten zurückgeholt. Ich stand schon mit einem Fuß im Grab, doch du hast mir das Leben neu geschenkt« (Psalm 30,3-4). »Ich bin glücklich, dass du so gut zu mir bist. Du hast meine Not gesehen und erkannt, wie verzweifelt ich war« (Psalm 31,8). »Komm zu mir, befreie und rette mich« (Psalm 69,19). Diese Bibelstellen zeigten ihr, dass Gott Mitleid mit ihrem Mann hatte, und gaben ihr die Hoffnung, dass sie im Gebet ebenfalls dazu beitragen konnte, dass Chad von seinen Depressionen befreit wurde.

Kurz darauf erzählte Marilyn ihrem Mann, dass sie sich vorgenommen hatte, täglich für ihn zu beten, und sie bat ihn, er möge sie über seine Gefühle auf dem Laufenden halten. Vom ersten Tag an bemerkten beide, dass es Chad jedes Mal besser ging, wenn Marilyn für ihn betete. Bald konnte Chad nicht mehr abstreiten, dass ihre Fürbitte Erfolg hatte, und so begann er, ebenfalls zu beten. Seit diesem Tag geht es ständig aufwärts mit ihm. Seine Depressionen werden immer seltener und er kann sie viel rascher überwinden als früher. Nun haben Chad und Marilyn sich gemeinsam zum Ziel gesetzt, Gott darum zu bitten, dass er Chad für immer von seinen Depressionen befreit.

Zorn und Niedergeschlagenheit sind nur zwei von vielen negativen Gefühlen, die einen Mann heimsuchen können. Häufig handelt es sich um bestimmte Denkmuster, die sich über längere Zeit eingeprägt haben, und viele Männer glauben, dass diese Gefühle nun einmal ein Teil ihres Wesens seien, das sie nicht ändern können. Gehen Sie dieser Lüge jedoch nicht auf den Leim und schauen Sie nicht einfach zu, wie Ihr Mann von seinen Gefühlen kontrolliert wird. Vielleicht bewirkt schon ein einziges Gebet, dass Ihr Mann eine ungeahnte Freiheit erlebt!

Gebet

Herr, du hast in deinem Wort gesagt, dass wir kein Unheil fürchten müssen, wenn wir bei dir Schutz suchen (Psalm 34,23). Bitte erlöse meinen Mann von allen negativen Gefühlen und lass nicht zu, dass er jemals von Depressionen, Zorn, Sorge, Eifersucht, Hoffnungslosigkeit, Furcht oder Selbstmordgedanken beherrscht wird. Herr, du bist doch sein Helfer und Befreier, mein Gott, lass ihn nicht länger warten! (Psalm 40,18). Du bist der Einzige, der ihn heilen und befreien kann, und ich bitte dich, dass du mich als dein Werkzeug gebrauchst. Bewahre meinen Mann davor, mich mit hinunter zu ziehen, während er mit seinen negativen Gefühlen kämpft. Hilf mir, ihn richtig zu verstehen und ihn immer wieder zu ermutigen.

Herr, bitte schenke meinem Mann die nötige Offenheit, damit er mir und anderen Vertrauenspersonen erzählen kann, was ihn bedrückt. Hindere ihn daran, alles in sich hineinzufressen, und nimm ihm jede Befangenheit, so dass er sich einmal richtig ausweinen kann. Schenke ihm aber auch echte Fröhlichkeit und genug Humor, um selbst schwierigen Situationen eine positive Seite abzugewinnen. Lehre ihn, sich nicht auf widrige Umstände zu konzentrieren, sondern sein Vertrauen auf dich zu setzen — unabhängig davon, wie er sich fühlt. Gib ihm wahre Selbstbeherrschung, damit seine Mitmenschen gerne in seiner Nähe sind. Salbe ihn mit deinem Öl der Freude (Jesaja 61,3), erfrische ihn durch deinen Heiligen Geist und bewahre ihn vor allen negativen Gefühlen.

Kraft aus Gottes Wort

Sich auf sich selbst zu verlassen ist
dumm, wer sich aber an die Weisheit hält, lebt in Sicherheit.

Sprüche 28,26

Der Herr aber beschützt alle, die ihm gehorchen
und auf seine Gnade vertrauen. Er bewahrt sie vor dem Tod
und erhält sie in der Hungersnot am Leben.

Psalm 33,18-19

Geduldig hoffte ich auf die Hilfe des Herrn,
und er wandte sich mir zu und hörte mein Schreien.
Er rettete mich aus dem Sumpf der Verzweiflung,
aus Matsch und Schlamm.
Er stellte mich auf festen Boden
und gab meinen Füßen festen Halt.
Er legte mir ein neues Lied in meinen Mund,
mit dem ich unseren Gott loben kann.
Viele werden sehen, was er getan hat,
und darüber staunen.
Sie werden dem Herrn vertrauen.

Psalm 40,2-4

Er lässt mich in grünen Tälern ausruhen,
er führt mich zum frischen Wasser. Er gibt mir Kraft.
Er zeigt mir den richtigen Weg um seines Namens willen.

Psalm 23,2-3

Die aber, die ihm dienen, wird der Herr erretten.
Jedem, der auf ihn vertraut, wird vergeben.

Psalm 34,23

KAPITEL 23

Sein Lebenswandel

Unser Lebenswandel ist abhängig davon, welche Ziele und Wertmaßstäbe wir haben und welche Entscheidungen wir treffen. Wir müssen uns täglich neu für eine bestimmte Richtung entscheiden und zwischen mehreren Möglichkeiten wählen. Da uns jedoch nur ein einziger Weg vorwärts bringt und alle anderen in die falsche Richtung führen, beeinflusst unser Lebenswandel unsere ganze Persönlichkeit — unsere Einstellung zu anderen Menschen, unsere Beziehung zu unserer Familie, unseren guten Ruf und sogar unsere äußere Erscheinung. Ich konnte schon mehrmals beobachten, wie Personen, die nach landläufigen Schönheitsidealen eher unattraktiv waren, eine äußerst positive Veränderung durchgemacht haben, nachdem sie ihren Lebenswandel vom Heiligen Geist gestalten ließen. Aus ihren Augen strahlte die Liebe Gottes und ihr Verhalten war von Güte und Freundlichkeit geprägt. Da sie genau wussten, was sie mit ihrem Leben anfangen wollten, besaßen sie eine innere Zuversicht, die auf andere Menschen nicht nur anziehend, sondern geradezu magnetisch wirkt.

Die Bibel erklärt uns sehr deutlich, wie wir unser Leben führen sollen: Es soll *moralisch einwandfrei* sein, denn allen, die untadelig leben, wird Gott das höchste Glück gewähren (Psalm 84,12). Wer nach Sicherheit strebt, sollte *Gottes Gebote befolgen*, weil die Bibel uns verspricht, dass Gott uns beschützen wird, sofern wir ihm gehorchen (Sprüche 28,18). In Psalm 1,1 wird uns gesagt, dass wir uns *genau überlegen sollen, mit welchen Leuten wir uns abgeben*: »Wie glücklich ist ein Mensch, der sich nicht verführen lässt von denen, die Gottes Gebote missachten, der nicht dem

Beispiel gewissenloser Sünder folgt und nicht zusammensitzt mit Leuten, denen nichts heilig ist.« Wir sollen *Gott ernst nehmen*, denn in Psalm 128,1 heißt es: »Wie glücklich ist ein Mensch, der den Herrn achtet und ehrt und sich nach seinen Geboten richtet!« In Sprüche 13,20 wird uns empfohlen, *bei den richtigen Leuten Rat zu suchen*: »Wer sich zu Klugen gesellt, wird klug; wer sich mit Dummköpfen befreundet, ist am Ende selbst der Dumme.« Wenn wir *geradlinig leben*, brauchen wir uns nicht zu fürchten (Sprüche 10,9), und nicht zuletzt sollten wir darauf achten, dass wir *auf dem richtigen Weg* sind: »Eine feste Straße wird dort sein, den ›heiligen Weg‹ wird man sie nennen. Wer unrein ist, darf sie nicht betreten, nur für das Volk des Herrn ist sie bestimmt. Selbst Unkundige finden den Weg, sie werden dort nicht irregehen« (Jesaja 35,8). Ist es nicht großartig, dass wir sogar als »Unkundige« diesen Weg einschlagen dürfen? Das bedeutet, dass Gott uns nicht gleich die rote Karte zeigen wird, falls wir einmal auf die Nase fallen sollten.

Debras Mann, Ben, ist ein aufrichtiger Christ, den niemand als Dummkopf bezeichnen könnte. Trotzdem folgte er eines Tages einem spontanen Impuls und investierte Geld in ein zweifelhaftes Unternehmen, was sich hinterher als eine schlechte Entscheidung herausstellte. Der enorme finanzielle Verlust hätte ihn völlig ruinieren und womöglich sogar seine Gesundheit und seine Familie zerstören können. Da Ben jedoch ein untadeliges Leben führte und sich nach Gottes Geboten richtete, wurde er von den schlimmsten Folgen seiner törichten Entscheidung verschont. Zwar bekam er Schwierigkeiten, weil er nicht auf Gottes Führung gewartet hatte, aber Gott bewahrte ihn vor dem Ruin und hielt seine Hand über ihn.

Jesus hat gesagt, dass es nur eine einzige Möglichkeit gibt, wie wir ans Ziel gelangen können: *Er* selbst ist der Weg, der zum Vater führt (Johannes 14,6), und um diesen Weg einzuschlagen, müssen wir durch ein enges Tor gehen. »Das Tor zum Verderben ist breit und ebenso die Straße, die dorthin führt. Viele sind auf ihr unterwegs. Aber das Tor, das zum Leben führt, ist eng und der Weg dorthin schmal. Nur wenige finden ihn« (Matthäus 7,13-14). Beten Sie unermüdlich dafür, dass Ihr Mann dieses enge Tor findet und sich vom Heiligen Geist führen lässt. Um nicht vom richtigen Weg abzukommen, müssen wir unser Vertrauen auf Gottes Wort setzen, Gott gehorchen und ihn um Verzeihung bitten, falls wir etwas getan haben, das nicht im Einklang mit seinem Willen steht. Glaube und Gehorsam sind unsere Eintrittskarte für den »heiligen Weg«, und indem wir nicht länger unserer selbstsüchtigen Natur folgen, sondern uns der Herrschaft des Heiligen Geistes unterstellen, gehen wir auf ihm vorwärts.

Paulus ermahnt uns in Galater 5,25: »Wenn wir nun durch Gottes Geist ein neues Leben haben, dann wollen wir auch aus diesem Geist unser Leben führen.« Beten Sie dafür, dass Ihr Mann sich stets an Gottes Seite hält und sich vom Geist Gottes Schritt für Schritt verwandeln lässt. Wenn er dieses Ziel anstrebt, können Sie sich als seine Frau wirklich glücklich schätzen!

Gebet

»Herr, ich sehe, dass der Mensch sein Geschick nicht selbst in der Hand hat. Nicht er ist's, der seinen Lebensweg bestimmt« (Jeremia 10,23). Aus diesem Grund bitte ich dich, Herr, dass *du* den Lebensweg meines Mannes bestimmst. Führe ihn durch deinen Heiligen Geist und lehre ihn deine Wege, damit er sich nach deiner Wahrheit richtet. Gib, dass seine Beziehung zu dir immer tiefer und seine Sehnsucht nach deiner Gegenwart immer größer wird. Lass ihn danach streben, dein Wort immer besser zu verstehen und neue Erkenntnisse zu gewinnen. Bewahre ihn, damit er nie vom richtigen Weg abkommt, und hilf ihm, seine Fehler rasch einzugestehen. Zeig ihm, ob irgendeine verborgene Sünde zwischen ihm und dir steht, und schenke ihm die Kraft zu einer radikalen Kehrtwende, falls er deinen Geboten ungehorsam gewesen ist. Gib ihm ein Herz, das dir völlig gehört, und einen Geist, der beständig zu dir hält. Vertreibe ihn nicht aus deiner Nähe, entzieh ihm nicht deinen Heiligen Geist!« (Psalm 51,12-13)

Herr, du sagst in deinem Wort, dass du an den Menschen, die Gefangene ihrer selbstsüchtigen Natur sind, unmöglich Gefallen finden kannst (Römer 8,8). Deshalb bitte ich dich, dass du meinem Mann hilfst, sich nicht von seiner selbstsüchtigen Natur beherrschen zu lassen, sondern sich in allen Dingen deinem Geist zu unterstellen. Ich bitte dich darum, dass er sagen kann: »Ich habe mich an deinen Weg gehalten und bin nicht einen Schritt davon gewichen« (Psalm 17,5). Bitte lass in seinem Leben die Früchte des Heiligen Geistes wachsen: Liebe, Freude und Frieden, Geduld, Freundlichkeit und Güte, Treue, Bescheidenheit und Selbstbeherrschung (Galater 5,22-23). Hilf ihm, nie das Ziel aus den Augen zu verlieren und auf deinem »heiligen Weg« zu bleiben, damit unsere ganze Umgebung die positiven Auswirkungen seines Lebenswandels spürt.

Kraft aus Gottes Wort

Als ein Gefangener für den Herrn
fordere ich euch deshalb auf, ein
Leben zu führen, das eurer Berufung
würdig ist, denn ihr seid ja von Gott berufen
worden. Seid freundlich und demütig,
geduldig im Umgang miteinander.
Ertragt einander voller Liebe.

Epheser 4,1-2

Die Ehrlichen und
Gerechten, diejenigen, die sich nicht
durch Erpressung bereichern, die keine
Bestechungsgelder annehmen, die mit
Bluttaten nichts zu tun haben wollen,
die nicht zusehen, wenn Unrecht geschieht.
Das sind diejenigen, die in

der Höhe wohnen werden. Die Felsen
der Berge werden ihre Festungen sein.
Sie werden genug zu essen und immer
reichlich Wasser haben.

Jesaja 33,15-16

Weil wir diese Zusagen haben, liebe
Freunde, wollen wir uns von allem
reinigen, was unserem Körper oder
unserem Geist schaden könnte. Denn
wir fürchten Gott; deshalb streben wir
nach einem geheiligten Leben.

2. Korinther 7,1

Herr, wer darf in dein Heiligtum
kommen und dich auf dem heiligen Berg anbeten?
Ein Mensch, der ein vorbildliches Leben führt
und tut, was recht ist, und von Herzen die Wahrheit sagt.

Psalm 15,1-2

Stattdessen will ich auf die Gottesfürchtigen achten,
damit sie sicher bei mir wohnen.
Nur vorbildliche Menschen dürfen mir dienen.

Psalm 101,6

KAPITEL 24

Sein Reden

Sind Ihnen auch schon Männer begegnet, die tolle Sprüche klopfen, ohne einen einzigen Finger zu rühren? Leider gibt es eine Menge Schwätzer, die so viel reden, dass ihnen kaum noch genug Zeit bleibt, um ihre Worte in die Tat umzusetzen. Ihre Ziele erreichen sie auf diese Weise jedoch höchst selten, und die Bibel fällt über sie ein eindeutiges Urteil: »Je mehr Pläne du im Kopf hast, desto schlimmer träumst du. Und je mehr Worte du machst, desto mehr Unsinn redest du« (Prediger 5,2). Solange wir mehr Zeit mit Reden verbringen, als konkret für eine Sache zu beten und zu arbeiten, werden sich unsere Träume nie verwirklichen.

Gibt es in Ihrer Bekanntschaft einen Mann, der seine Mitmenschen beleidigt und vulgäre Schimpfworte benutzt? Manche Leute haben eine so derbe Ausdrucksweise, dass man sich in ihrer Gegenwart einfach unbehaglich fühlt. Paulus fordert uns in Epheser 4,31 auf: »Weg also mit aller Verbitterung, mit Aufbrausen, Zorn und jeder Art von Beleidigung! Schreit einander nicht an! Legt jede feindselige Gesinnung ab!« Ich habe die Erfahrung gemacht, dass die Menschen, die kaum jemals etwas Positives äußern, auch keinen großen Segen erleben.

Vermutlich haben Sie auch schon mal einen Mann kennen gelernt, der sich immer und überall beklagt? Ganz egal, wie gut es ihm geht, er findet grundsätzlich etwas, worüber er meckern kann. Dazu meint die Bibel: »Tut das alles ohne Murren und ohne Zweifel! Ihr sollt ja rein und fehlerlos werden und euch als Gottes vollkommene Kinder erweisen mitten unter verirrten und verdorbenen Menschen; ihr sollt leuchten unter ihnen wie die Sterne am nächtlichen Himmel« (Philipper 2,14-15). Negative Aussagen bleiben nicht ohne Wirkung, und daher haben Menschen, die ständig jammern, oft auch viel zu leiden.

Was halten Sie von Leuten, die sofort drauflos reden, ohne vorher zu überlegen? Diese Menschen platzen mit allem heraus, was sie auf dem Herzen haben, ohne darüber nachzudenken, welche Wirkung ihre Worte haben könnten. »Ein guter Mensch hilft mit überlegten Antworten; der Unheilstifter sprudelt über von unheilvollen Reden«, heißt es in Sprüche 15,28, und in Sprüche 29,20 steht: »Kennst du einen, der redet, ohne zu überlegen? Für einen Schwachsinnigen ist mehr Hoffnung als für ihn!« Wer seine Worte nicht genau abwägt, kann sich dadurch großen Ärger einhandeln.

Vielleicht haben Sie einmal mit anhören müssen, wie ein Mann seine Frau, einen Freund oder einen Kollegen tief verletzt oder entmutigt hat. Was wir sagen, hat größeren Einfluss auf unsere Umgebung, als wir uns vorstellen können, denn »die Zunge hat Macht über Leben und Tod. Wenn du an der Sprache Freude hast, kannst du viel durch sie erreichen« (Sprüche 18,21). Wer durch sein Reden das Leben anderer Menschen zerstört, wird die Konsequenzen dafür tragen müssen.

Aufgrund unserer eigenen Worte werden wir eines Tages freigesprochen oder verurteilt werden (Matthäus 12,37). Das, was wir sagen, kann uns froh machen (Sprüche 15,23) oder uns beschämen und erniedrigen (Matthäus 15,11). Wir können unsere Mitmenschen ermutigen und aufbauen oder ihnen durch böswilliges Reden jeden Lebensmut nehmen (Sprüche 15,4). Die Tragweite unserer Worte ist sogar so groß, dass wir uns dadurch ins Verderben bringen können (Sprüche 13,3).

Daher müssen wir uns immer wieder dafür entscheiden, das Richtige zu sagen, und in manchen Situationen wird uns sogar das Schweigen empfohlen: »Wer seinen Mund hält, hält sich Schwierigkeiten vom Hals« (Sprüche 21,23). Achten Sie auf die Redeweise Ihres Mannes, denn das, was er sagt, zeigt, wie es in seinem Inneren aussieht. »Wovon das Herz voll ist, davon redet der Mund«, steht in Matthäus 12,34. Falls Sie feststellen müssen, dass Ihr Mann sich ständig beklagt, nur negativ redet, zu viele impulsive Aussagen macht oder seine Worte als Waffen benutzt, um andere Menschen zu zerstören, herrscht in seinem Inneren ein Chaos. Beten Sie dafür, dass der Heilige Geist ihn zu einer aufrichtigen Umkehr führt und sein Herz mit Liebe, Freude und Frieden erfüllt. Bitten Sie Gott, Ihrem Mann eine neue Redeweise zu schenken.

Gebet

Herr, ich bitte dich, dass du durch deinen Heiligen Geist über dem Mund meines Mannes wachst, damit er nur solche Worte sagen kann, die andere ermutigen und ihnen weiterhelfen. Bewahre ihn davor, ständig zu jammern, andere zu verärgern oder irgendwelche Schimpfworte zu verwenden. Schenke ihm genug Selbstdisziplin, um seine Worte sorgfältig abzuwägen und in jedem Gespräch zum Ausdruck zu bringen, dass er dich ernst nimmt. Herr, du hast gesagt: »Wollt ihr von eurem Leben etwas haben und möglichst lange glücklich sein? Dann nehmt eure Zunge gut in Acht, damit ihr nicht lügt und niemand verleumdet!« (Psalm 34,14-15). Bitte zeig meinem Mann, wie er dieser Aufforderung folgen kann. Fülle sein Herz mit deiner Liebe, so dass sein Reden deine Barmherzigkeit widerspiegelt. Auch für mich selbst bitte ich das.

Lass deinen Geist der Liebe über allen unseren Worten wachen, damit wir uns niemals gegenseitig verletzen oder einander falsch verstehen. Hilf uns, einander zu achten, uns gegenseitig Mut zu machen, einander alles anzuvertrauen, was wir empfinden, und alle notwendigen Entscheidungen in völliger Übereinstimmung zu treffen. Herr, du hast versprochen, dass wenn zwei Menschen sich völlig einig sind, du selbst in ihrer Mitte sein wirst. Ich bitte dich, dass du auch das Gegenteil geschehen lässt: Komm in unsere Mitte, damit mein Mann und ich uns in allen Dingen einig sind. Nimm unsere Worte freundlich auf! Lass unser Gebet zu dir dringen, Herr, unser Halt und unser Retter! (Psalm 19,15)

Kraft aus Gottes Wort

Verzichtet auf schlechtes Gerede, sondern was ihr redet,
soll für andere gut und aufbauend sein,
damit sie im Glauben ermutigt werden.

Epheser 4,29

Ich sage euch: Am Tag des Gerichts
müsst ihr euch für jedes böse Wort,
das ihr sagt, verantworten.

Matthäus 12,36

Dann hütet eure Zunge vor bösen Worten
und verbreitet keine Lügen!
Wendet euch ab vom Bösen und tut Gutes.
Bemüht euch, mit anderen in Frieden zu leben.

Psalm 34,14-15

Die Worte eines weisen Menschen machen ihn beliebt.
Ein Dummkopf dagegen kommt durch
seine eigenen Worte zu Fall.

Prediger 10,12

Böse Worte aber kommen aus einem bösen Herzen
nd machen den Menschen,
aus dessen Mund sie kommen, unrein.

Matthäus 15,18

KAPITEL 25

Seine Umkehrbereitschaft

Jahrelang betete Suzanne täglich dafür, dass ihr Mann keine Drogen mehr nehmen würde. Jedes Mal, wenn sie ihn beim Drogenkonsum ertappte, behauptete er, es täte ihm Leid und es sei ganz bestimmt das letzte Mal gewesen. Trotz aller guten Vorsätze dauerte es aber nicht lange, bis er wieder rückfällig wurde. Suzanne gab sich immer noch nicht geschlagen und bat Gott unermüdlich, in ihrem Mann echte Reue zu bewirken, die ihn schließlich zu einer radikalen Umkehr bewegen würde. Leider musste Jerry erst einige harte Lektionen lernen, bis er sich Gott gegenüber öffnete und sich von ihm verändern ließ. Heute ist er ein ganz neuer Mensch und kümmert sich gemeinsam mit seiner Frau um andere Menschen mit Suchtproblemen. Dieses Wunder war nur möglich, weil Suzanne unaufhörlich betete und darauf vertraute, dass Gott ihren Mann zu einer wahren Umkehr führen würde.

Jeder von uns macht Fehler, und das ist auch gar nicht der Punkt, um den es hier geht. In unserer Gesellschaft existiert jedoch die gefährliche Tendenz, das eigene Versagen zu beschönigen oder zu vertuschen. Die Bibel verspricht uns: »Wenn wir aber unsere Verfehlungen eingestehen, können wir damit rechnen, dass Gott treu und gerecht ist: Er wird uns dann unsere Verfehlungen vergeben und uns von aller Schuld reinigen, die wir auf uns geladen haben« (1. Johannes 1,9). Um Gottes Vergebung zu empfangen, müssen wir also zuerst einmal zugeben, dass wir etwas falsch gemacht haben.

Damit wir unser Verhalten grundlegend ändern können, müssen wir nach Gottes Wort drei Voraussetzungen erfüllen:

Als Erstes müssen wir unsere Sünde *bekennen*, das heißt, wir müssen unsere Fehler eingestehen. Anschließend müssen wir aufrichtig *bereuen*, was wir getan haben, und *Gott um Verzeihung bitten.* Wenn wir es wirklich ernst meinen, vergibt Gott uns und reinigt uns von jeder Schuld. Falls wir mit diesen drei Schritten Schwierigkeiten haben, liegt es einzig und allein an unserem Stolz. Wer es nicht fertig bringt, seine Fehler vor Gott und den Menschen zuzugeben, wird sein ganzes Leben lang mit unlösbaren Problemen zu kämpfen haben. Sich selbst für unfehlbar zu halten ist ein fataler Irrtum, denn in Sprüche 26,12 steht: »Kennst du einen, der sich selbst für weise hält? Für einen Schwachsinnigen ist mehr Hoffnung als für ihn!«

Fällt es Ihrem Mann schwer, seine Schwächen und Verfehlungen einzugestehen? Oder sagt er womöglich zwanzigmal am Tag: »Es tut mir Leid«, ohne sein Verhalten im Geringsten zu ändern? In beiden Fällen sollten Sie dafür beten, dass Gott im Herzen Ihres Mannes echte Reue bewirkt. Nur durch den Heiligen Geist können wir unsere Sünden in dem Licht sehen, in dem Gott sie sieht, und verstehen, weshalb sie uns von Gott trennen. Paulus schreibt in seinem Brief an die Römer: »Missachtet ihr die große Güte, Nachsicht und Geduld, die Gott euch bis jetzt erwiesen hat? Seht ihr denn nicht, dass er euch durch seine Güte zur Umkehr bewegen will?« (Römer 2,4). Gottes Gnade kann in unserem Herzen echte Reue bewirken, und wir sollten dafür beten, dass der Heilige Geist unserem Mann die Bereitschaft zur Umkehr schenkt.

Schon viele Männer haben Schiffbruch erlitten, weil sie zu stolz waren, ihre Fehler zuzugeben und ihr Verhalten zu ändern. Um Beispiele dafür zu finden, brauchen wir nicht lange zu suchen, denn in der Zeitung können wir täglich von solchen Schicksalen lesen. Sünde verschwindet nicht, indem man sie beschönigt, sondern sie breitet sich aus wie ein Krebsgeschwür, das schließlich unser ganzes Leben zerstört. Aus diesem Grund sollten Sie dafür beten, dass Ihr Mann seine Fehler einsieht und sie vor Gott bekennt. Bitten Sie Gott, ihrem Mann die Kraft zu geben, damit er die gleichen Sünden nicht wieder begeht. Gott »möchte, dass alle Gelegenheit finden, von ihrem falschen Weg umzukehren« (2. Petrus 3,9). Vielleicht ist Ihr Mann nicht gerade begeistert, wenn

Sie dafür beten, dass ihm seine Fehler bewusst werden. Auf lange Sicht gesehen ist es jedoch viel besser, wenn unsere Schuld aufgedeckt wird, als dass wir eines Tages unter den Folgen unserer Sünde leiden müssen. Auch wenn Ihr Mann es vielleicht nicht zugeben will, wird er Ihnen irgendwann für Ihre Gebete dankbar sein.

Gebet

Herr, ich bitte dich, dass du meinem Mann zeigst, wo er sich im Irrtum befindet. Bewahre ihn davor, seine Fehler und Schwächen zu beschönigen, und lass alle Dinge offenbar werden, die bisher verhüllt gewesen sind (Matthäus 10,26). Gib ihm die Fähigkeit, seine Fehler rasch einzugestehen, und strafe ihn nicht, falls er unwissend Schuld auf sich geladen hat (Psalm 19,13). Öffne seine Augen, damit er deine Wahrheit erkennt, und schenke ihm ein offenes Ohr für dein Reden. Hilf ihm, seine Fehler einzusehen, und führe ihn zu einer echten Umkehr. Falls er leiden muss, dann lass es sich nur um Gewissensbisse handeln und nicht um einen Angriff Satans, der durch verborgene Sünden ein Einfallstor gefunden hat. Herr, ich weiß, dass die Bescheidenheit vor der Ehre kommen muss (Sprüche 15,33), und deshalb bitte ich dich, dass du meinen Mann vor Stolz bewahrst. Nimm alles weg, was ihn daran hindert, dir seine Schuld zu bekennen, und bewirke in seinem Herzen eine echte Umkehrbereitschaft, so dass du ihm die Ehre schenken kannst, die du ihm geben möchtest.

Kraft aus Gottes Wort

Liebe Freunde, wenn unser Gewissen rein ist, können wir mit Zuversicht und mutig vor Gott treten. Und wir werden von ihm bekommen, was immer wir erbitten, weil wir ihm gehorchen und tun, was ihm Freude macht.

1. Johannes 3,21-22

Wer seine Sünden verheimlicht, dem wird es nicht gut gehen.
Aber wenn er sie bekennt und davon lässt,
wird er Barmherzigkeit finden.

Sprüche 28,13

Erforsche mich, Gott, und erkenne mein Herz,
prüfe mich und erkenne meine Gedanken.
Zeige mir, wenn ich auf falschen Wegen gehe,
und führe mich den Weg zum ewigen Leben.

Psalm 139,23-24

Als ich mich weigerte, meine Schuld zu bekennen,
war ich schwach und elend,
dass ich den ganzen Tag nur noch stöhnte und jammerte.
Tag und Nacht bedrückte mich dein Zorn,
meine Kraft vertrocknete wie Wasser in der Sommerhitze.
Doch endlich gestand ich dir meine Sünde
und gab es auf, sie zu verbergen. Ich sagte:
»Ich will dem Herrn meine Auflehnung bekennen.«
Und du hast mir vergeben und meine
Schuld weggenommen!

Psalm 32,3-5

Ein Diener des Herrn darf nicht streiten,
sondern er muss zu allen freundlich sein, überzeugend
lehren und auch mit schwierigen Menschen
Geduld haben können. Denen, die
sich der Wahrheit widersetzen, soll er
freundlich den richtigen Weg zeigen.
Vielleicht wird ja Gott diese Menschen
zur Umkehr bewegen, sodass sie die
Wahrheit erkennen und zur Besinnung
kommen. Dann werden sie aus
der Falle des Teufels entkommen, der
sie in seinem Bann hielt, sodass sie seinen Willen taten.

2. Timotheus 2,24-26

KAPITEL 26

Seine Freiheit

Melissa machte sich Sorgen, weil ihr Ehemann, Mark, durchaus nicht abgeneigt war, hin und wieder einen über den Durst zu trinken. Zwar war Mark noch lange kein Alkoholiker, doch sein Verhalten erinnerte sie in mancher Hinsicht an ihren Schwiegervater, der tatsächlich vom Alkohol abhängig war. Sie bat Gott um sein Eingreifen, damit weder ihr Mann noch ihre Kinder mit einer geerbten Schwäche für Alkohol zu kämpfen haben würden. Nicht einmal die Symptome oder Begleiterscheinungen einer Alkoholsucht sollten in ihrer Familie sichtbar werden. Durch die Kraft Gottes konnte Mark bis heute der Versuchung widerstehen, zu viel zu trinken, und auch seine Kinder zeigen keine Schwäche für Alkohol. Melissa ist davon überzeugt, dass Gott ihre Gebete erhört hat, indem er nicht zugelassen hat, dass die Neigung ihres Schwiegervaters auf seinen Sohn und seine Enkel weitervererbt wurde.

Stephanie war noch nicht lange mit Jason verheiratet, als sie bemerkte, dass er große Schwierigkeiten mit seiner Sexualität hatte. Obwohl Jason seine Frau von ganzem Herzen liebte, beeinflussten ihn die vielen Affären, die er vor seiner Ehe gehabt hatte. Bis zu diesem Zeitpunkt hatte er sich nie mit seinem früheren Lebensstil auseinander gesetzt oder sich bewusst davon distanziert. Nachdem Stephanie klar wurde, dass ihr Mann ein Gefangener seiner Lust war, betete sie dafür, dass Gott ihn von diesen Bindungen befreien würde. Da Jason sich ebenfalls wünschte, von seiner Vergangenheit erlöst zu werden, dauerte es nicht lange, bis Gott ihn vollkommen umgekrempelt hatte.

Jeder Mensch kennt Zeiten in seinem Leben, in denen er Befreiung von einer Sache braucht, die uns in ihren Klauen hält, denn es gibt viele Dinge um uns herum, die uns fesseln können. Warum sonst wäre Jesus als unser Befreier gekommen, wenn wir ihn nicht nötig hätten. Warum hätte er uns beten gelehrt: »Rette uns aus der Gewalt des Bösen« (Matthäus 6,13)? Warum hat unser himmlischer Vater uns sonst zugesagt, uns aus der Bedrängnis herauszureißen (2. Petrus 2,9 und Psalm 34,18), uns vor boshaften und gewalttätigen Leuten zu beschützen (Psalm 140,1) und uns sogar vor dem sicheren Tod zu retten (2. Korinther 1,10)? Alles, was wir tun müssen, ist, ihn darum zu bitten. In Psalm 50,15 finden wir das Mut machende Versprechen: »Bist du in Not, so rufe mich zu Hilfe! Ich werde dir helfen, und du wirst mich preisen.«

Ist es nicht tröstlich zu wissen, dass Gott unseren Hilfeschrei hört, wenn wir uns von unseren Lebensumständen förmlich erdrückt fühlen? Er sieht ganz genau, wie es uns geht. »Von seiner heiligen Wohnung im Himmel blickt der Herr herab auf die Erde, um das Stöhnen der Gefangenen zu hören und die zum Tode Verurteilten freizulassen« (Psalm 102,20-21). Wie wunderbar ist es zu wissen, dass Gott uns auch in scheinbar ausweglosen Situationen von allem befreit, was uns verschlingen will! (Psalm 25,15). Wer von uns hat diesen mächtigen Beistand nicht nötig?

Auch wenn Ihr Mann nicht gern gesteht, dass er Hilfe braucht — manche Männer fühlen sich als Versager, wenn sie nicht alles allein schaffen — kann Ihre Fürbitte entscheidend dazu betragen, dass Ihr Mann wieder frei atmen kann. Bitten Sie Jesus, Ihren Mann von allen Dingen zu befreien, die ihn gefangen halten. Im Gebet können Sie dem Teufel widerstehen und verhindern, dass er Ihren Mann in eine Falle locken kann. Paulus ermahnte die Galater: »Christus hat uns befreit; er will, dass wir jetzt auch frei *bleiben*. Steht also fest und lasst euch nicht wieder ins Sklavenjoch einspannen!« (Galater 5,1). Die beste Art und Weise, wie wir tatsächlich fest stehen können, ist die Waffenrüstung Gottes anzulegen. Diesen Schritt habe ich im Gebet schon häufig getan, und anstatt Ihnen lange zu erklären, was es damit auf sich hat, möchte ich es Ihnen vormachen:

Gebet

Herr, du hast in deinem Wort gesagt, dass wir zu dir rufen sollen, wenn wir in Not sind, und dass du uns helfen wirst (Psalm 50,15). Deshalb komme ich heute zu dir und bitte dich, dass du im Leben meines Mannes wirkst und ihn von allem befreist, was ihn gefangen hält. Erlöse ihn von seinen Abhängigkeiten. Hilf ihm schnell! Sei ihm ein rettender Fels und eine schützende Burg, dann ist er in Sicherheit (Psalm 31,3). Rette ihn vor seinen Feinden, die ihn verfolgen! (Psalm 31,16).

Führe ihn an den Punkt, an dem er erkennt, was ihn gebunden hält, so dass er dich um Befreiung bitten kann. Falls du sein Gebet nicht sofort erhörst, dann bewahre ihn bitte davor, den Mut zu verlieren, und erinnere ihn daran, dass du das gute Werk, das du bei ihm angefangen hast, auch vollenden wirst bis zu dem Tag, an dem Jesus Christus kommt (Philipper 1,6). Schenke ihm auch in der hoffnungslosesten Situation die Gewissheit, dass für dich nichts unmöglich ist.

Zeig ihm, dass wir es nicht in erster Linie mit Menschen zu tun haben, sondern »gegen unsichtbare Mächte und Gewalten, gegen die bösen Geister, die diese finstere Welt beherrschen« (Epheser 6,12) kämpfen. Lass meinen Mann stark werden durch die Verbindung mit dir und lass ihn die Waffen anlegen, die du ihm gibst, damit ihm die Schliche des Teufels nichts anhaben können (Epheser 6,10-11). Ich bete dafür, dass er den Gürtel der Wahrheit und den Panzer der Gerechtigkeit anzieht. Lass ihn an den Füßen bekleidet sein mit der Bereitschaft, die Gute Nachricht vom Frieden mit Gott zu verkünden. Ich bitte dich darum, dass er das Vertrauen auf Gott als den Schild vor sich hält, mit dem er alle Brandpfeile Satans abfangen kann. Die Gewissheit seiner Rettung sei sein Helm und das Wort Gottes das Schwert, das der Geist ihm gibt. Hilf ihm, wachsam zu bleiben und unaufhörlich für alle Gläubigen zu beten (Epheser 6,13-18).

Kraft aus Gottes Wort

Der Herr ist mein Fels, meine Burg und mein Retter;
mein Gott ist meine Zuflucht, bei dem ich Schutz suche.
Er ist mein Schild, die Stärke meines Heils und meine
Festung! Herr, wenn ich dich lobe und anrufe,
dann werde ich vor meinen Feinden gerettet.

Psalm 18,3-4

Der Herr spricht: »Ich will den erretten, der mich liebt.
Ich will den beschützen, der auf meinen Namen vertraut.«

Psalm 91,14

Er streckte seine Hand aus vom Himmel und rettete mich;
er zog mich aus tiefem Wasser herauf.
Er befreite mich von meinen mächtigen Feinden,
von denen, die mich hassten und zu stark für mich waren.
Sie fielen über mich her, als ich am schwächsten war,
doch der Herr gab mir Halt. Er brachte mich an einen
sicheren Ort und rettete mich, weil er Freude an mir hatte.

Psalm 18,17-20

Denn du hast mich vor dem Tode gerettet,
meine Füße vor dem Ausgleiten bewahrt.
Deshalb kann ich jetzt vor dich kommen,
im Licht des Lebens.

Psalm 56,14

Der Geist des Herrn ruht auf mir, denn er hat mich gesalbt, um
den Armen die gute Botschaft zu verkünden.
Er hat mich gesandt, Gefangenen zu verkünden, dass sie
freigelassen werden, Blinden, dass sie sehen werden,
Unterdrückten, dass sie befreit werden und dass die Zeit der
Gnade des Herrn gekommen ist.

Lukas 4,18-19

KAPITEL 27

Sein Gehorsam

Lisa wünschte sich so sehr, dass Ihr Mann, Jonathan, Schritte im Glauben tun und geistlich wachsen würde. Ihre eigene Beziehung zu Gott wurde mit jedem Tag tiefer und inniger, während sein Verhältnis zu Gott in gleichem Maße zu verkümmern schien. Da Lisa sich danach gesehnt hatte, ihre geistlichen Erfahrungen mit ihrem Mann zu teilen, war sie enttäuscht über seine mangelnde Hingabe. Sie wollte nicht die Einzige in ihrer Familie sein, die Jesus von ganzem Herzen nachfolgte, und deshalb sprach sie Jonathan immer wieder auf diesen Punkt an. Jedes Mal, wenn sie dieses Thema anschnitt, verteidigte sich ihr Mann jedoch heftig und wandte ein, dass er durch seinen Beruf viel zu beschäftigt sei, um noch Zeit zum Bibellesen und Beten aufbringen zu können. An den Wochenenden war er häufig auf Geschäftsreise, so dass er seine Familie auch nicht zum Gottesdienst begleiten konnte.

Worunter Lisa am meisten litt, war die Tatsache, dass Jonathan mit diesem Zustand ganz zufrieden schien und an seinem eigenen Verhalten nichts auszusetzen fand. Seine Gelassenheit wurde erst erschüttert, als ihm die Arbeit förmlich über den Kopf wuchs. Bekümmert musste Lisa mit ansehen, wie er immer erschöpfter wurde und mit seinen beruflichen Herausforderungen kaum noch zurechtkam. Sie war fest davon überzeugt, dass es ihm viel besser gehen würde, wenn er sich trotz allem die Zeit nehmen würde, täglich in der Bibel zu lesen und bei Gott Kraft zu schöpfen. Gleichzeitig war sie sich aber darüber im Klaren, dass Jonathan im Augenblick für solche Vorschläge wenig empfänglich war.

Obwohl Lisa glaubte, dass Gott von ihrem Mann einen Gehorsamsschritt forderte, beschloss sie, kein Wort mehr darüber zu verlieren, sondern im Gebet für ihn einzutreten. Täglich betete sie, dass in Jonathan das Verlangen wachsen würde, Gott besser kennen zu lernen. Nachdem sie mehrere Monate lang gebetet hatte, ohne dass sich irgendetwas verändert hatte, kündigte Jonathan eines Morgens beiläufig an: »Heute gehe ich früher ins Büro, damit ich mir Zeit zum Beten nehmen kann, bevor ich irgendetwas anderes tue.« Lisas Augen begannen zu strahlen und in ihrem Herzen formte sich ein stilles Dankgebet.

Seit jenem Vormittag hat Jonathan es sich zur Gewohnheit gemacht, an jedem Werktag früher ins Büro zu fahren, um dort in aller Ruhe in der Bibel zu lesen und Zeit mit Gott zu verbringen. Diese Wende geschah vor zwei Jahren, und inzwischen hat diese geistliche Disziplin auch auf andere Lebensbereiche übergegriffen. Jonathan achtet besser auf seine Gesundheit, verschafft sich mehr Bewegung und hat die überflüssigen Pfunde verloren, die ihn schon lange gestört hatten. Seine seelische und körperliche Verfassung hat sich zum Positiven verändert. Nur Gott kann so eine grundlegende Wandlung herbeiführen.

Wenn wir fest davon überzeugt sind, dass unser Mann sich auf einem falschen Weg befindet, sollten wir dann den Mund aufmachen und ihn darauf hinweisen? Wenn ja, wie viel sollten wir sagen, und wann ist der richtige Zeitpunkt dafür? Ich habe herausgefunden, dass es in solchen Fällen eigentlich nur eine einzige Methode gibt, die immer funktioniert: Wir müssen das, was wir auf dem Herzen haben, zu Gott bringen und diese Angelegenheit aus seiner Perspektive betrachten. Womöglich fordert Gott uns auf, unseren Mund zu halten und intensiv zu beten, wie Lisa es getan hat. Falls Sie jedoch glauben, dass der Heilige Geist Ihnen den Impuls gibt, mit Ihrem Mann zu reden, ist Ihre Erfolgschance viel höher, wenn Sie *vor* diesem Gespräch zu Gott kommen und ihn um seine Führung bitten. Solange Ihr Mann nämlich das Gefühl hat, dass Sie nur an ihm herumnörgeln, geht er in die Defensive und Ihre Worte werden genau das Gegenteil von dem bewirken, was Sie beabsichtigt haben. Bitten Sie Gott, dass er Ihrem Mann die Augen öffnet, damit er die Wahrheit erkennt und selbst begreift, was er tun sollte. Sie können Ihren Mann ermutigen, unterstützen und für ihn beten, aber letztendlich kann ihn nur Gottes Stimme dazu bewegen, sein Verhalten zu ändern.

Solange wir Gott ungehorsam sind, können wir nicht den Segen erhalten, den Gott uns eigentlich schenken möchte. Als Jesus auf dieser Erde war, hat er kein Blatt vor den Mund genommen, sondern klipp und klar gesagt: »Es gibt nur Einen, der gut ist! Wenn du bei ihm leben willst, dann befolge seine Gebote« (Matthäus 19,17). Jesus wusste genau, dass wir Menschen nur dann echte Zuversicht und tiefen Frieden spüren können, wenn wir die feste Gewissheit haben, dass wir genau das tun, was Gott von uns will. In der Bibel wird uns versprochen: »Alles, was der Herr tut, ist Güte und Treue für die, die seinen Bund achten und seinen Weisungen gehorchen« (Psalm 25,10). »Wie glücklich ist ein Volk, das auf Gottes Gesetz hört!« (Sprüche 28,18). »Mehr noch dürfen sich die freuen, die Gottes Wort hören und danach leben!« (Lukas 11,28).

Wenn wir uns weigern, Gott zu gehorchen, müssen wir mit den Konsequenzen rechnen, wie sie in Sprüche 15,10 beschrieben werden: »Wer sich auf Abwege begibt, wird hart gestraft; wer sich nicht zurechtweisen lässt, verwirkt sein Leben.« Gott will unsere Gebete nicht mehr hören (Sprüche 28,9), und wir haben keinen Platz in seiner neuer Welt (1. Korinther 6,9).

Gott zu gehorchen beinhaltet allerdings nicht nur, dass wir seine Gebote befolgen, sondern auch, dass wir ihm gehorsam sind, wenn er ganz persönlich zu uns redet. Es könnte zum Beispiel geschehen, dass Gott Ihren Mann auffordert, sich mehr Ruhe zu gönnen, um seine Gesundheit zu schonen. Falls Ihr Mann diese Anweisung in den Wind schlägt, verweigert er Gott den Gehorsam. Wir müssen genau auf Gottes Stimme achten, und falls er uns beispielsweise auffordert, an einen anderen Ort zu ziehen oder einen anderen Beruf zu ergreifen, müssen wir das tun, was Gott sagt.

Wer sich nach Gottes Wort richtet, gleicht einem klugen Mann, der sein Haus auf felsigen Grund baute. Wenn dann eine Regenflut kommt, Flüsse über die Ufer treten und schwere Stürme toben, wird das Haus nicht einstürzen, weil es auf Fels gebaut ist

(Matthäus 7,24-27). Bestimmt möchten Sie nicht erleben, dass Ihr Heim zusammenbricht, weil Ihr Mann Gott in irgendeiner Hinsicht ungehorsam gewesen ist. Um das zu vermeiden, brauchen Sie Ihren Partner jedoch nicht zu überwachen oder zu bespitzeln, sondern Ihre Aufgabe ist es, für Ihren Mann zu beten. Sprechen Sie ihn auf bestimmte Punkte erst an, *nachdem* Gott Ihnen das Zeichen dazu gegeben hat.

Sollte der Ungehorsam Ihres Mannes bereits dazu geführt haben, dass Ihre Familie in irgendeiner Weise gelitten hat, dürfen Sie trotzdem davon überzeugt sein, dass Gott *Ihren* Gehorsam belohnen wird. Solange Sie sich Gottes Willen unterstellen, wird Gott Sie bewahren, seinen Segen über Ihnen ausgießen und die Dinge wiederherstellen, die zerstört worden sind. Beten Sie unermüdlich dafür, dass Ihr Mann nicht schwerhörig ist, wenn es um Gottes Stimme geht. Bitten Sie Gott außerdem, ihm die nötige Kraft, den nötigen Mut und die nötige Motivation zu schenken, damit er das, was er hört, auch in die Tat umsetzt.

Gebet

Herr, du hast in deinem Wort gesagt, dass du unsere Gebete nicht erhören kannst, solange wir Böses im Sinn haben (Psalm 66,18). Weil ich möchte, dass du meine Gebete erhörst, bitte ich dich, dass du mir durch deinen Heiligen Geist offenbarst, ob ich dir in irgendeiner Weise ungehorsam gewesen bin. Zeig mir vor allen Dingen, ob ich mich meinem Mann gegenüber egoistisch, lieblos, kritisch, zornig oder nachtragend verhalte. Lass mich erkennen, wo ich dir nicht hundertprozentig gehorcht habe und deinen Anweisungen nicht gefolgt bin. Ich bekenne dir meine Sünde und bitte dich, dass du mir vergibst.

Herr, bitte schenke meinem Mann das Verlangen, sich an deine Gebote zu halten. Bring jeden Punkt ans Licht, an dem er sich bewusst deinem Willen widersetzt, und verändere seine Einstellung, so dass er diese Sache bereitwillig deiner Herrschaft unterstellt. Hilf ihm, damit alle seine Gedanken und Taten im Einklang mit deinem Willen stehen. Erinnere ihn daran, »über niemand schlecht zu reden und nicht zu streiten, sondern friedfertig zu sein und allen Menschen freundlich zu begegnen« (Titus 3,1-2). Lass ihn nach Disziplin streben und dir von ganzem Herzen nachfolgen. Belohne seine Treue und tu ihm Gutes, weil seine Hände rein sind (Psalm 18,21). Zeig ihm den Weg, den er gehen soll; lass ihn erkennen, was du von ihm verlangst. Lehre ihn, in Treue zu dir sein Leben zu führen. Du bist doch der Gott, bei dem er Hilfe findet; auf dich möge er hoffen zu jeder Zeit (Psalm 25,4-5).

Bitte schenke meinem Mann eine dankbare Haltung und lass ihn in der Anbetung deinen Willen erkennen. Indem er dich preist, wird sich seine Einstellung verändern und er wird neue Kraft bekommen, um sein Leben nach deinen Maßstäben auszurichten. Zeig ihm ganz konkret, was er tun soll, und schenke ihm die nötigen Fähigkeiten dazu. Erwecke in ihm das aufrichtige Verlangen, dir zu gehorchen, und segne ihn mit dem Frieden, den wir nur spüren können, wenn wir uns uneingeschränkt deiner Herrschaft unterstellen.

Kraft aus Gottes Wort

Mein Sohn, vergiss nicht, was ich
dich gelehrt habe. Bewahre meine
Gebote in deinem Herzen, denn sie
schenken dir ein langes und zufriedenes
Leben. Gnade und Treue sollen dir
nicht verloren gehen. Trage sie wie
eine Kette um deinen Hals und schreibe
sie dir tief in dein Herz.

Sprüche 3,1-3

Nicht alle Menschen, die sich fromm gebärden, glauben an Gott. Auch wenn sie ›Herr‹ zu mir sagen, heißt das noch lange nicht, dass sie ins Himmelreich kommen. Entscheidend ist, ob sie meinem Vater im Himmel gehorchen.

Matthäus 7,21

Die Gebete eines Menschen,
der die Gesetze verachtet,
werden ebenfalls verachtet.

Sprüche 28,9

Gehorcht mir, dann werde ich euer Gott sein
und ihr werdet mein Volk sein.
Tut, was ich euch sage, damit es euch gut geht!

Jeremia 7,23

KAPITEL 28

Sein Selbstbild

Wie kommt es, dass manchen begabten und intelligenten Männern jede Tür vor der Nase zugeschlagen wird, während andere Männer mit gleichen oder sogar geringeren Fähigkeiten immer erfolgreich sind und scheinbar unbegrenzte Möglichkeiten haben? Offensichtlich ist das Leben manchmal ungerecht. Ein Punkt, der hierbei eine Rolle spielen kann, ist selbstverständlich das richtige Timing. Es gibt für alles einen richtigen Zeitpunkt, und Gott arbeitet jetzt schon an uns, um uns für künftige Herausforderungen vorzubereiten. Wenn wir uns darüber im Klaren sind, dass alles, was auf der Erde geschieht, seine von Gott bestimmte Zeit hat (Prediger 3,1), können wir in jeder Angelegenheit gelassen auf den richtigen Zeitpunkt warten.

Für eine Kette von Misserfolgen kann es jedoch auch noch einen anderen Grund geben — und zwar die Einstellung, die ein Mann zu sich selbst hat. Ein armseliges Selbstbild führt dazu, dass wir an unserem Wert zweifeln, was wiederum alle Bereiche unseres Lebens beeinflusst. Wenn andere Menschen mit unserer Unsicherheit nicht zurechtkommen, gehen sie uns möglicherweise aus dem Weg. Diese Erfahrung lässt uns noch gehemmter im Umgang mit unserer Familie, unseren Freunden, Kollegen und mit Fremden werden. Da wir insgeheim damit rechnen, dass sie uns ablehnen, bekommen wir diese Reaktion auch prompt zu spüren.

Daniel hatte große Schwierigkeiten damit, seinen Platz im Leben zu finden. Er war völlig frustriert, weil er nicht wusste, wer er eigentlich war und an welchen Platz er gehörte — falls es überhaupt einen Platz für ihn gab, was er immer mehr bezweifelte. Dass er sich ständig mit diesem Problem herumschlug, führte schließlich zu Spannungen in seiner Ehe. Seine Frau, Cindy, versuchte ihm zu helfen, doch er ärgerte sich nur über ihre Ratschläge. Ihre Gedanken und Vorschläge gaben ihm das Gefühl, dass sie sich über seine Unfähigkeit lustig macht und ihm nicht zutraute, seine Probleme allein zu bewältigen. Deshalb lehnte er alle ihre Anregungen von vornherein ab, was Cindy dazu veranlasste, ihre Meinung nur noch ausführlicher zu verteidigen. Je mehr Cindy sich durchsetzen wollte, desto heftiger wehrte Daniel sich gegen ihren Einfluss, bis er schließlich so unsicher wurde, dass er sich völlig einigelte.

Dieser Teufelskreis hätte zu einer Scheidung führen können, falls Cindy nicht herausgefunden hätte, dass Beten weitaus wirksamer ist als Streiten. Sie bat Gott, ihr die tiefere Ursache für Daniels Probleme zu offenbaren und ihr zu zeigen, weshalb ihr Mann ihre Hilfe so kategorisch ablehnte. Daraufhin erkannte sie, dass Daniel sein geringes Selbstwertgefühl bereits von seinem Vater übernommen hatte, der sein Leben lang unter großer Unsicherheit gelitten hatte.

Da Cindy fest an Gottes Macht glaubte, nahm sie sich vor, so lange zu beten, bis Gott ihren Mann verändert hatte — auch wenn es lange dauern würde. Sie bat Gott, Daniel von seiner negativen Einstellung zu sich selbst zu befreien und ihn nach seinem eigenen Bild zu gestalten. Daniel sollte seine Identität in Gott finden und sich in ihm geborgen wissen. Zusätzlich betete Cindy dafür, dass Gott ihr die richtigen Worte geben würde, so dass Daniel ihre Vorschläge nicht als Kritik, sondern als Ermutigung auffasste.

Es dauerte einige Monate, bis Cindy irgendwelche Veränderungen an ihrem Mann beobachten konnte, doch als schließlich eine Wandlung eintrat, betraf sie sehr wesentliche Punkte. Zuerst begriff Daniel, dass Cindy auf seiner Seite war und nicht gegen ihn kämpfte. Diese Erkenntnis führte dazu, dass er nicht mehr mit seiner Frau streiten, sondern mit ihr zusammenarbeiten wollte. Als Nächstes begann Daniel, häufiger zum Gottesdienst zu gehen, und Cindy bemerkte, dass er mit einer neuen Zuversicht in der Bibel las und betete. Allmählich sah er sich selbst als ein von Gott geliebtes Kind und nicht mehr als evolutionäres Missgeschick. Je mehr er erkannte, welchen Wert er in Gottes Augen besaß, desto mehr wurde er auch von seiner Umgebung geschätzt. Es war kein Zufall, dass sich ihm plötzlich lauter Türen öffneten und er mit einem Mal die Anerkennung erhielt, von der er immer geträumt hatte.

Falls das Selbstbild Ihres Mannes eine Generalüberholung benötigt, müssen Sie viel Geduld aufbringen. Seine Gedankengänge, die über viele Jahre hinweg immer in denselben Bahnen verlaufen sind, werden nicht über Nacht in eine andere Richtung gelenkt. In der Kraft Gottes können Sie jedoch dem Teufel widerstehen, wenn er Ihrem Mann die altbekannten Lügen einflüstern will, und Sie können im Gebet dafür eintreten, dass Ihr Mann Gottes Wahrheit akzeptiert. Während Sie so Fürbitte leisten, wird Gott Ihnen immer wieder ein Stück des Schlüssels enthüllen, der die Lösung zu den Problemen Ihres Partners darstellt. In anderen Worten, *während* Sie beten, wird Gott Ihnen zeigen, *wie* Sie beten sollen.

Ich glaube fest daran, dass wir auf diese Weise auch verhindern können, dass unser Partner auf eine Midlife-Krise zusteuert. Wenn ein Mann die Fünfzig erst einmal überschritten hat, dringt das Gift, das sich in seiner Seele angesammelt hat, irgendwann mit einem Schlag nach außen.

Der unsichtbare Damm, der diese Flut bisher zurückgehalten hat, ist durch das Alter brüchig geworden, und nun kann die Persönlichkeit dieses Mannes von der starken Flutwelle förmlich weggespült werden. Wer seine Identität ganz bewusst im Wort Gottes verankert hat, wird so eine Situation viel leichter bewältigen als andere.

Gott hat uns gesagt, welche Schritte wir tun sollen: Wir sollen seine Nähe suchen, seine Gebote befolgen, ihn an die erste Stelle setzen und unsere selbstsüchtigen Wünsche auf den letzten Platz verbannen. Sobald wir ganz dicht an seiner Seite sind, führt er uns in die richtige Richtung, und wir brauchen ihm nur zu folgen. Während wir ihn anblicken, »werden wir selbst in sein Bild verwandelt und bekommen mehr und mehr Anteil an seiner Herrlichkeit. Das bewirkt der Herr durch seinen Geist« (2. Korinther 3,18). Wenn unser Selbstbild schließlich so sehr mit Gottes Gedanken übereinstimmt, dass wir unsere eigennützigen Motive vergessen, sind wir frei von uns selbst. Diese innere Freiheit sollten wir uns zum Ziel setzen, und zwar sowohl für unseren Ehemann als auch für uns selbst.

Ihr Mann wird nie richtig begreifen, wer *er* wirklich ist, bevor er erkennt, wer *Gott* ist. Beten Sie dafür, dass er seine wahre Identität in Gott findet.

Gebet

Herr, ich wünsche mir von ganzem Herzen, dass mein Mann seine Identität in dir findet. Lass ihn erkennen, wie wertvoll er in deinen Augen ist. Zeig ihm, welche einzigartigen Fähigkeiten du ihm geschenkt hast und wie er sie einsetzen kann. Mach ihm begreiflich, dass er innerhalb deiner großartigen Schöpfung einen ganz besonderen Platz einnimmt, so wie es in Psalm 8,5-7 beschrieben wird: »Wie klein ist da der Mensch, wie gering und unbedeutend! Und doch gibst du dich mit ihm ab und kümmerst dich um ihn! Ja, du hast ihm Macht und Würde verliehen; es fehlt nicht viel, und er wäre wie du. Du hast ihn zum Herrscher gemacht über deine Geschöpfe, alles hast du ihm unterstellt.« Bring alle Stimmen zum Schweigen, die ihm etwas anderes einreden wollen, und öffne seine Ohren, damit er deine Stimme hören kann. Zeig ihm, dass er sich nicht aus eigener Kraft um Vollkommenheit bemühen muss, um in seinem Leben erfolgreich zu sein, sondern dass er sich völlig auf deine Gnade verlassen darf.

Herr, lass meinen Mann erkennen, dass er dein Abbild ist und deine Herrlichkeit widerspiegelt (1. Korinther 11,7). In dir allein wohnt wirklich und wahrhaftig die Heilsmacht Gottes in ihrer ganzen Fülle, und durch dich allein wird ihm die Fülle des Heils zuteil (Kolosser 2,9). Schenke meinem Mann deinen Frieden und die feste Gewissheit, dass er von dir angenommen und nicht abgelehnt wird. Befreie ihn von allen falschen Hemmungen und bewahre ihn davor, sich zu sehr auf sich selbst zu konzentrieren. Zeig ihm, wer *du* bist, damit er erkennt, wer er selbst ist. Gestalte du ihn nach deinem Bild, so dass er Jesus Christus immer ähnlicher wird.

Kraft aus Gottes Wort

Denn Gott hat sie schon vor Beginn der Zeit auserwählt
und hat sie vorbestimmt,
seinem Sohn gleich zu werden,
damit sein Sohn der Erstgeborene
unter vielen Geschwistern werde.

Römer 8,29

Von uns allen
wurde der Schleier weggenommen, sodass
wir die Herrlichkeit des Herrn wie
in einem Spiegel sehen können. Und
der Geist des Herrn wirkt in uns, sodass
wir ihm immer ähnlicher werden und
immer stärker seine Herrlichkeit widerspiegeln.

2. Korinther 3,18

Belügt einander nicht, denn ihr habt eure alte,
verdorbene Natur mit ihrem bösen
Tun abgelegt und habt die neue Natur
angenommen. Gott erneuert sie,
sodass man erkennen kann, wie sie
dem Bild ihres Schöpfers gleicht.

Kolosser 3,9-10

Denn wer ihr nur zuhört und
nicht danach handelt, ist wie ein
Mensch, der sich im Spiegel betrachtet.
Er sieht sich, geht weg und vergisst,
wie er aussieht. Wer aber ständig auf
das vollkommene Gesetz Gottes achtet
– das Gesetz, das uns frei macht –
und befolgt, was es sagt, und nicht vergisst,
was er gehört hat, den wird Gott segnen.

Jakobus 1,23-25

Steh auf und leuchte! Denn
dein Licht ist gekommen und
die Herrlichkeit des Herrn erstrahlt über dir.

Jesaja 60,1

KAPITEL 29

Sein Glaube

Wenn jemand zu mir sagt, dass er keinen Glauben hat, muss ich unwillkürlich lächeln, weil ich weiß, dass diese Behauptung vermutlich nicht stimmt. Unser ganz gewöhnlicher Alltag nötigt uns nämlich bereits eine Menge Glauben ab. Wenn wir zum Arzt gehen, müssen wir uns auf seine Kompetenz verlassen und darauf vertrauen, dass er die richtige Diagnose stellt. Falls wir uns in der Apotheke ein Medikament abholen, gehen wir davon aus, dass diese Tabletten nicht vergiftet sind. In jedem Restaurant, in dem wir essen, müssen wir den Glauben aufbringen, dass der Koch das Essen richtig zubereitet und keine verdorbenen Lebensmittel verwendet hat. (Manche Lokale erfordern größeren Glauben als andere.) An jedem Tag müssen wir uns in irgendeiner Weise auf unsere Mitmenschen verlassen und uns auf bestimmte Annahmen stützen, damit wir unser Leben überhaupt bewältigen können.

Allerdings entscheidet jeder selbst, *woran* er glauben will. Manche Leute glauben nur an sich selbst, andere glauben an die Regierung, an böse Mächte, an die Wissenschaft, an die Medien, an harte Arbeit, an andere Menschen oder an Gott. Die einzige Person, die ich je kennen gelernt habe, die wirklich an überhaupt nichts glaubte, endete in einer psychiatrischen Klinik, weil sie durch diese Einstellung in den Wahnsinn getrieben wurde. Glaube ist eine Grundvoraussetzung, um in unserer Welt leben zu können.

Auch zum Sterben brauchen wir einen Glauben, denn unser Glaube entscheidet, was mit uns geschehen wird, nachdem wir diese Welt verlassen haben. Wenn Sie Ihr Vertrauen auf Jesus Christus setzen, haben Sie die feste Gewissheit, dass Sie sich über Ihre Zukunft keine Sorgen mehr machen müssen. Gott hat uns versprochen: »Der Geist, der in euch lebt, ist ja der Geist dessen, der Jesus vom Tod auferweckt hat. Dann wird derselbe Gott, der Jesus Christus vom Tod auferweckt hat, auch euren todverfallenen Leib lebendig machen. Das bewirkt er durch seinen Geist, der schon jetzt in euch lebt« (Römer 8,11).

Wer keine Furcht mehr vor dem Tod hat, kann die Gegenwart viel besser bewältigen, denn die feste Gewissheit, dass wir für alle Zeit bei Gott sein werden, gibt uns eine neue Perspektive für unseren Alltag. Diese Zuversicht lässt sich mit nichts anderem vergleichen!

Als Jesus einige blinde Menschen heilte, sagte er zu ihnen: »Was ihr in eurem Vertrauen von mir erwartet, soll geschehen« (Matthäus 9,29). Ich finde es ein wenig erschreckend, dass Gott sein Handeln tatsächlich von unseren Erwartungen abhängig macht. Bestimmt wäre es gut, wenn wir uns häufiger darüber Gedanken machen würden, ob unser Vertrauen auf Gott eigentlich groß genug ist. Das Gute an diesem Prinzip ist jedoch, dass wir eine gewisse Kontrolle über unser Leben besitzen und selbst mitbestimmen können, welche Wendung die Dinge nehmen. Wenn wir uns darüber im Klaren sind, welche Bedeutung unser Glaube hat, brauchen wir unser Geschick nicht dem Zufall zu überlassen oder uns von jedem Sturm hin und her werfen zu lassen. Unser Vertrauen auf Gott bildet einen wichtigen Faktor in unserer Lebensbilanz.

Natürlich hat jeder von uns Zeiten, in denen er Zweifel hegt. Sogar Jesus kam an den Punkt, an dem er sich fragte, ob Gott ihn im Stich gelassen hatte. Zwar zweifelte er weder an der Existenz noch an der Allmacht seines himmlischen Vaters, doch er hatte nicht damit gerechnet, sich so verlassen zu fühlen. Manchmal bezweifeln wir nicht, dass es Gott tatsächlich gibt und dass er uns helfen *kann*, sondern uns bewegt nur die Frage, ob er wirklich Interesse daran hat, sich um unser persönliches Geschick zu kümmern. Sicher ist Gott viel zu beschäftigt, um sich mit unseren Problemen abzugeben, denken wir dann. Aber glücklicherweise ist das nicht wahr!

Hat Ihr Mann manchmal Zweifel? Wenn es so ist, können Ihre Gebete einen entscheidenden Einfluss auf sein Leben nehmen. Beten Sie dafür, dass sein Glaube beständig wächst, und falls Ihr Mann noch kein Christ ist, sollten Sie im Gebet dafür eintreten, dass er sein Vertrauen auf Gott setzt. Es gibt kein Problem im Leben Ihres Mannes, das durch einen größeren Glauben nicht gelöst oder zumindest vereinfacht werden könnte. Jesus hat gesagt, dass aus dem Innern der Menschen, die ihm vertrauen, lebendiges Wasser strömen wird (Johannes 7,37-38). Dieses Wasser wird zweifellos ausreichen, um all unseren Schmerz, unsere Schwierigkeiten, unsere Angst, unseren Kummer, unsere Gleichgültigkeit, unsere Hoffnungslosigkeit, unser Versagen und unsere Zweifel abzuwaschen.

Gebet

Herr, ich bitte dich, dass du meinem Mann heute einen größeren Glauben schenkst. Hilf ihm, uneingeschränkt auf dich, dein Wort, deine Wege, deine Verheißungen und deine Macht zu vertrauen. Wecke in ihm die Sehnsucht, mit dir zu reden und deine Stimme zu hören. Lass ihn erkennen, dass deine Nähe ausreicht, um alle seine Bedürfnisse zu stillen, so dass er nicht nur zu dir kommt, wenn er etwas Bestimmtes braucht. Gib, dass er dich sucht, sich in allen Dingen auf dich verlässt, sich von deinem Heiligen Geist führen lässt, dich grundsätzlich an die erste Stelle setzt und in allen Dingen zum Ausdruck bringt, dass er dich ernst nimmt.

Herr, du hast gesagt, dass der Glaube aus dem Hören der Botschaft kommt und die Botschaft in dem Auftrag gründet, den Christus gegeben hat (Römer 10,17). Hilf meinem Mann, sich so intensiv mit deinem Wort zu beschäftigen, dass er felsenfest davon überzeugt ist, dass für dich *alles* möglich ist (Matthäus 19,26).

Gib ihm die unerschütterliche Gewissheit, dass du alles tun kannst, was du uns versprichst (Römer 4,20-21). Lass seinen Glauben ihn wie ein Schild vor den Pfeilen des Satans beschützen und die Berge in seinem Leben von einer Stelle zur anderen zu bewegen. Danke, dass du in deinem Wort zugesagt hast: »Wer durch vertrauenden Glauben vor Gott als gerecht gilt, wird leben« (Römer 1,17). Hilf meinem Mann, sein Leben so zu führen, wie du es ursprünglich für ihn geplant hast, und gib, dass er voller Überzeugung sagen kann: »Wie groß ist deine Güte, Herr! Du wendest sie denen zu, die dir gehorchen. Vor aller Augen zeigt sich diese Güte an denen, die bei dir Zuflucht suchen« (Psalm 31,20).

Kraft aus Gottes Wort

Aber wer ihn fragt, soll auch wirklich
mit seiner Antwort rechnen!
Denn einer, der zweifelt, ist so aufgewühlt wie
eine Meereswoge, die vom Wind getrieben
und hin- und hergeworfen wird.
Ein solcher Mensch darf nicht erwarten,
etwas von Gott zu erhalten,
denn er ist unbeständig
und schwankt ständig hin und her.

Jakobus 1,6-8

Aber wenn jemand unsicher ist, ob er etwas
essen darf, und es trotzdem tut, der ist
damit verurteilt. Es geschieht nicht im
Glauben an Gott und was nicht im
Glauben geschieht, ist Sünde.

Römer 14,23

»Weil euer Glaube so gering ist«,
sagte Jesus. »Ich versichere euch:
Wenn euer Glaube auch nur so groß
wäre wie ein Senfkorn, könntet ihr zu
diesem Berg sagen: ›Rücke dich von
hier nach da‹, und er würde sich bewegen.
Nichts wäre euch unmöglich.«

Matthäus 17,20

Ich lebe, aber
nicht mehr ich selbst, sondern Christus
lebt in mir. Ich lebe also mein Leben in
diesem irdischen Körper im Glauben
an den Sohn Gottes, der mich geliebt
und sich selbst für mich geopfert hat.

Galater 2,20

Da wir nun durch den Glauben
von Gott für gerecht erklärt worden
sind, haben wir Frieden mit Gott
durch das, was Jesus, unser Herr, für uns tat.

Römer 5,1

KAPITEL 30

Seine Ansprechbarkeit

Im Laufe der Jahre habe ich von unzähligen Frauen aller Altersklassen, die unterschiedlich lange verheiratet waren, immer wieder dieselbe Klage gehört: »Mein Mann hört mir nicht zu.« Das scheint ein weit verbreitetes Problem zu sein. Aus diesem Grund habe ich dieses ergänzende Kapitel für die vorliegende neue Auflage geschrieben. Frauen haben ein *Bedürfnis, dass ihre Ehemänner ihnen zuhören.*

Es gibt zwei Dinge, die jede Ehefrau sich wünscht: Erstens, dass ihr Ehemann Gottes Stimme hört, und zweitens, dass er ihr zuhört, wenn sie mit ihm spricht. Sie fühlt sich nicht respektiert, wenn man sie ignoriert, nicht berücksichtigt, herabsetzt oder gar nicht erst hört. Aber sicher muss ich Ihnen das nicht groß erklären, denn Sie wissen wahrscheinlich, wovon ich spreche. Auch wenn Ihr Ehemann Ihnen jedes Mal, wenn Sie sprechen, mit andächtiger Aufmerksamkeit zuhört, kennen Sie das Problem der Nicht-Ansprechbarkeit sicher von einer Freundin, deren Ehemann sie gewohnheitsmäßig ignoriert.

Mir selbst ist dieses Problem auch nicht fremd, ich bewege mich durchaus auf vertrautem Terrain. Es ist sogar so, dass ich auf diesem Gebiet eine Expertin bin. Früher hatten wir häufig folgende Situation: Wenn ich versuchte, meinem Mann etwas zu erzählen, das ich für ihn wichtig fand, und er einige Zeit nicht antwortete, sagte ich: »Blinzel, wenn du mich gehört hast.« Wenn immer noch keine Reaktion erfolgte, ging ich so weit und riskierte mein Leben, indem ich den Stummknopf auf der Fernbedienung drückte, damit er mich besser hören konnte. (Natürlich wartete ich bis zur Werbung.) Die Dinge, die ich ihm erzählen wollte, waren wichtig. Zum Beispiel gab es mehrere Begebenheiten, bei denen ich ihn warnen wollte, dass ein von ihm geplanter Geschäftsabschluss keine gute Idee sei und ich keinen Frieden von Gott darüber hätte. Aber zu oft stieß ich damit auf taube Ohren – mit desaströsen Folgen, wie ich ergänzen muss. Ich betete und betete, dass Gott einschreiten und uns retten möge, und manchmal tat er das, aber oft genug auch nicht. Einmal, als ich wieder dafür betete, machte mich Gott darauf aufmerksam, dass ich ihn immer erst hinterher darum bat, den Schlamassel wieder in Ordnung zu bringen, oder meinen Mann erst dazu brachte, die Wahrheit zu hören, nachdem er bereits zu einem Schritt entschlossen war.

Gott zeigte mir in seinem Wort, dass Menschen »bereit sein müssen zu hören«. Sie müssen ihre Ohren »Gott zuneigen«, um ihn reden zu hören. Es ist etwas, für das man sich entscheiden muss. Gott legte mir aufs Herz, dass ich dafür beten müsse, dass mein Mann selbst auf Gott würde hören wollen. Es war nicht so, dass er Gottes Stimme nie hörte. Bei vielen Angelegenheiten tat er das. Nur nicht, wenn es um Dinge ging, bei denen er sich bereits entschieden hatte. Ich betete ebenso, dass ich selbst Ohren zum Hören haben würde – sodass ich darauf vertrauen konnte, dass ich wirklich eine Eingebung von Gott hatte, wenn ich wollte, dass mein Mann mir in einer Sache zuhörte.

Unzählige Frauen haben damit zu tun, dass die Ohren ihrer Ehemänner Gott gegenüber verschlossen sind. Oder ihnen gegenüber. Und das ist ein ernsthaftes Problem, denn ich kann die Anzahl der Ehen, die ich genau deshalb zerbrechen sah, nicht zählen. Einige der Streitpunkte, von denen mir diese Frauen erzählten, waren die Verwicklung ihrer Männer in: Pornografie, Alkohol, Untreue, Spielsucht, Kindesgefährdung, körperliche Grausamkeiten, verbale Gewalt, Nachlässigkeit, finanzieller Ruin, unchristliche Praktiken, unausstehliches Verhalten, Gleichgültigkeit, Rücksichtslosigkeit oder Unverantwortlichkeit. Und diese Männer waren gläubig.

Jede Frau kann an den Punkt gelangen, an dem das Fass zum Überlaufen kommt und sie mit dem Kummer, der sie zu töten scheint, nicht weiterleben kann. Wenn sie ihren Mann angefleht hat, mit bestimmten Dingen aufzuhören oder andere wichtige Dinge anzugehen oder etwas zu ändern oder ihr in wichtigen Angelegenheiten zu helfen oder selbst Hilfe aufgrund eines Problems zu suchen und ihre Worte immer wieder auf taube Ohren gestoßen sind, dann kann eine Zeit kommen, in der ihr klar wird, dass sie diesen Zustand nicht länger ertragen kann. Sie will sich eigentlich nicht scheiden lassen. Sie verlässt ihren Mann nicht wegen eines anderen. Es graut ihr davor, ihr Zuhause zu verlassen. Aber sie glaubt, dass ihr Herz hier nicht länger daheim ist, und die einzige Art, zu überleben und Frieden zu haben, ist, zu gehen. Wer von uns kann da urteilen? Wie viele Frauen können mit irgendeinem der aufgezählten Dinge Jahr für Jahr in ihrem Zuhause leben – das doch ein Zufluchtsort sein soll?

Ich kenne viele Frauen, die ihre Ehemänner jahrelang angefleht haben, sich bei einem bestimmten Problem Hilfe von außen zu holen. Aber sie haben es abgelehnt. Manchmal kann ein Mann engstirnig »sein Problem« leugnen, denn er möchte es für niemand aufgeben, auch nicht für Gott. Wenn er Gott suchen, auf seine Stimme hören und seine Frau nicht länger ignorieren würde, dann könnten sich die Dinge sofort ändern. Aber manche Menschen sind stolz und weigern sich, Wahrheit über sich selbst zu erkennen, bis es zur Katastrophe kommt. Manche Menschen sind hartherzig und werden nicht versuchen, sich zu ändern, bis sie eine harte Lektion lernen müssen.

Ich schrieb an anderer Stelle in diesem Buch, dass es gut ist zu wissen, wann es Zeit ist, still zu sein und zu beten, und dass wir Frauen beten müssen, bevor wir reden, um sicher zu gehen, dass unsere Worte und der Zeitpunkt von Gott sind. Aber es gibt Zeiten, in denen wir reden müssen. Zum Beispiel, wenn man sieht, wie der eigene Mann abstürzt, und man ihn wachrütteln muss, damit er sieht, wie ernst die Sache in Wahrheit ist. Beten Sie dafür, dass er Gottes Stimme in seinem Herzen hört und sich von Ihnen, seiner Seelenverwandten, etwas sagen lässt – der Person, mit der er eins geworden ist, der Frau, die zusammen mit ihm abstürzen könnte.

Gebet

Herr, es heißt in deinem Wort häufig: »Wer Ohren hat, soll gut zuhören!« (Matthäus 11,15). Ich bete, dass du meinem Mann offene Ohren gibst, um deine Stimme in seinem Herzen zu hören. Lass ihn sein Herz für deine Lehre öffnen (Sprüche 22,17). Hilf ihm, wirklich zuzuhören, wenn du durch dein Wort und durch deinen Heiligen Geist in sein Herz und zu seinem Verstand sprichst. Hilf meinem Mann, dir sein Ohr »zuzuneigen«, sodass du dich ihm ebenso zuneigst (Psalm 31,3). Lehre ihn, nicht »träge« im Hören zu werden (Hebräer 5,11). Ermögliche ihm, nicht nur zu hören, sondern dir wirklich mit ganzem Herzen zuzuhören. In deinem Wort heißt es: »Wenn du für das Schreien der Armen nur taube Ohren hast, wirst du keine Antwort bekommen, wenn du selber um Hilfe rufst« (Sprüche 21,13). Ich möchte nicht, dass seine Gebete nicht von dir gehört werden.

Manchmal fühle ich mich machtlos, wenn meine Bitten um bestimmte Dinge gegenüber meinem Mann auf taube Ohren stoßen. Öffne seine Ohren, damit er nicht nur dich hört, sondern auch für mich ansprechbar ist. Hilf mir dabei, dass ich als Ehefrau nie zu viel rede und dabei Belangloses sage. Lass mich immer von dir hören und ständig an Weisheit und Beurteilungsvermögen zunehmen. Hilf mir dabei, meine Worte immer weise zu wählen, mit einem guten Gespür für den richtigen Zeitpunkt. Lehre mich, die richtigen Worte zur richtigen Zeit zu sprechen und nie einfach unbeherrscht mit Worten um mich zu schlagen. Wenn ich weiß, dass ich meinem Mann etwas Wichtiges mitteilen muss, dann bereite sein

Herz darauf vor, es ohne Stolz und Ablehnung anzunehmen und nicht gleichgültig gegenüber der Tatsache zu sein, dass wir eins sind.

Kraft aus Gottes Wort

Der Herr hat mir die Zunge eines Jüngers gegeben,
damit ich weiß, wie ich den Müden ermutigen kann.
Morgen für Morgen öffnet er mir das Ohr,
damit ich höre, wie ein Jünger hört.

Jesaja 50,4

Doch wer auf mich hört,
wird ohne Angst in Frieden und Sicherheit leben.

Sprüche 1,33

Kluge Menschen sind stets offen für neue Erkenntnisse,
ja sie suchen sogar danach.

Sprüche 18,15

Liebe Freunde, seid schnell bereit, zuzuhören,
aber lasst euch Zeit, ehe ihr redet oder zornig werdet.

Jakobus 1,19

Denn die Herzen dieser Menschen sind verhärtet,
ihre Ohren können nicht hören
und sie haben ihre Augen geschlossen.
Ihre Augen sehen nicht, ihre Ohren hören nicht
und ihr Herz versteht nicht,
und sie kehren nicht zu mir um, damit ich sie heil mache.

Matthäus 13,15

KAPITEL 31

Seine Zukunft

Es gibt kein erfülltes Leben ohne eine Vision für die Zukunft. Solange wir keine konkrete Hoffnung für die Zukunft haben, drehen wir uns ständig im Kreis, finden unser Dasein sinnlos und sterben jeden Tag ein kleines bisschen.

Wenn wir eine Vision für die Zukunft haben, bedeutet das allerdings nicht notwendigerweise, dass wir genau wissen, was als Nächstes passieren wird. Vielmehr geht es darum, dass wir ein inneres Gespür dafür besitzen, in welche Richtung wir uns bewegen, und dass wir fest damit rechnen, dass Gott etwas Gutes für uns bereithält. Wir sind davon überzeugt, dass eine positive Zukunft vor uns liegt und dass unser Leben einen Sinn hat.

Leider hat nicht jeder diese Gewissheit, und wer sie einmal besessen hat, kann sie auch wieder verlieren. Selbst der aufrichtigste Christ kann an den Punkt kommen, an dem er völlig ausgebrannt, niedergeschlagen und erschöpft ist. Er hat den Mut verloren, hat sich ein Stück von Gott entfernt und weiß nicht mehr genau, wer er eigentlich ist und was er sich für die Zukunft erhofft. Womöglich hat er sich falsche Ziele gesteckt und ist nun völlig frustriert, weil er sie nicht erreichen konnte. Falls er seine Träume aus den Augen verloren hat und nicht mehr an Gottes Wahrheit festhält, glaubt er irgendwann den Lügen Satans, der ihm weismachen will, dass er von der Zukunft nichts mehr zu erwarten hätte. »Mein Volk rennt in den Untergang, weil es den rechten Weg nicht kennt«, wird in Hosea 4,6 gesagt.

Gott fordert uns jedoch auf, lügnerischen Stimmen keinen Glauben zu schenken: »Hört nicht auf das, was die Propheten euch verkünden! Sie halten euch zum Narren. Sie sagen euch, was ihr Herz ihnen eingibt, nicht was sie aus meinem Mund gehört haben« (Jeremia 23,16). Eine Vision für die Zukunft, die keine Hoffnung beinhaltet und uns keinen Mut macht, kommt nicht von Gott (Jeremia 29,11). Sollten wir unser ursprüngliches Ziel aber tatsächlich aus den Augen verloren haben, kann Gott unsere Vision erneuern. Er kann uns neue Träume schenken und die Lügen des Teufels entlarven. Gott möchte uns die feste Gewissheit geben, dass wir eine verheißungsvolle Zukunft vor uns haben, und durch Gebet können diese Visionen in unserem Leben Gestalt gewinnen.

Michael erzählte mir, dass die Zeit, in der wir von Los Angeles nach Nashville zogen, zu den Zeiten gehörte, in denen er meine Fürbitte ganz besonders geschätzt hat. Dieser Umzug war eine schwierige Phase, denn es fiel uns sehr schwer, unsere Freunde und Bekannten zurückzulassen und ganz von vorne anzufangen. Es stand viel auf dem Spiel, und diese Veränderung war für uns ein großer Glaubensschritt. Obwohl wir nicht genau wussten, was uns erwarten würde, waren wir fest davon überzeugt, dass Gott uns an diesen Ort geführt hatte. Deshalb vertrauten wir auch darauf, dass er unser Leben in seiner Hand hielt und uns beschützen würde.

Während dieser Zeit betete ich vor allen Dingen dafür, dass Michael die Vision nicht verlieren würde, die Gott ihm für die Zukunft geschenkt hatte.

Als mein Mann eine Zeit lang seine geistliche Perspektive verlor, kämpfte ich im Gebet dafür, dass er sein Ziel wieder klar vor Augen haben würde.

Wir müssen uns immer wieder in Erinnerung rufen, dass unser himmlischer Vater ein Testament zu unseren Gunsten gemacht hat. Darin hat er seinen Besitz zu gleichen Teilen zwischen seinen Kindern aufgeteilt und uns sein ganzes Vermögen hinterlassen. In Römer 8,17 ist dieses Testament festgehalten: »Wenn wir aber Kinder sind, dann sind wir auch Erben, und das heißt: wir bekommen teil am unvergänglichen Leben des Vaters, genauso wie Christus und zusammen mit ihm.« Ich habe mein Exemplar des Testamentes genau studiert, und darin heißt es, dass diese Erbschaft unsere kühnsten Erwartungen übertreffen wird: »Was kein Auge jemals gesehen und kein Ohr gehört hat, worauf kein Mensch jemals gekommen ist, das hält Gott bereit für die, die ihn lieben« (1. Korinther 2,9). Außerdem steht dort: »Alle, die untadelig leben, werden reich belohnt« (Sprüche 28,10). Wir werden nicht nur in diesem Leben alles bekommen, was wir brauchen, sondern nach unserem Tod den größten Teil unseres Erbes erhalten. Dann werden wir für immer bei Gott sein und uns nichts anderes mehr wünschen.

Falls Ihr Mann von seinem Alltag so aufgerieben wird, dass er seine Vision aus den Augen verliert, kann Ihr Gebet eine große Rolle spielen, um seinen Blick wieder in die richtige Richtung zu lenken. Ihr Mann sollte begreifen, dass seine Zukunft in Gott liegt und er sich daher nicht nur auf die Gegenwart konzentrieren darf.

Paulus vergleicht unser Leben mit einem sportlichen Wettkampf, den wir nur gewinnen können, wenn wir unser Ziel ganz deutlich vor Augen haben: »Ihr wisst doch, dass an einem Wettlauf viele teilnehmen; aber nur einer bekommt den Preis, den Siegeskranz. Darum lauft so, dass ihr den Kranz gewinnt!« (1. Korinther 9,24). Bestimmt wäre es Ihnen nicht recht, wenn Ihr Mann eigene Ziele anstrebt und Gottes Erfolgsprämie verscherzt. Beten Sie also dafür, dass Ihr Mann seine Zukunft aus Gottes Perspektive sieht.

Gott will nicht, dass wir die *Zukunft* kennen, sondern dass wir *ihn* kennen lernen. Wir sollen darauf vertrauen, dass er uns Schritt für Schritt in die Zukunft führen wird. Damit wir begreifen, wohin Gott uns führen will, müssen wir auf seine Stimme achten, denn »die, die nach Gott fragen, verstehen alles« (Sprüche 28,5). Wenn wir ganz dicht bei Gott bleiben, können wir hören, was er zu uns sagt. Bitten Sie Gott, dass er Ihrem Mann eine Vision für die Zukunft schenkt, die ihn für den Alltag motiviert und ihm gleichzeitig ein tiefes Gefühl der Geborgenheit vermittelt.

Gebet

Herr, bitte schenke meinem Mann eine Vision für seine Zukunft. Lass ihn erkennen, dass du etwas Gutes mit ihm vorhast und ihm eine Zukunft geben möchtest, wie er sie erhofft (Jeremia 29,11). Erfülle ihn durch deinen Geist mit aller Weisheit und Einsicht und lass ihn erkennen, was dein Wille ist. Hilf ihm so zu leben, wie es dir Ehre macht, und stets zu tun, was dir gefällt. Sein Leben soll als Frucht gute Taten aller Art hervorbringen, und er soll immer besser verstehen, was du von ihm willst (Kolosser 1,9-10).

Ich bitte dich, dass er sich von deinem Heiligen Geist leiten lässt und sich nie vor der Zukunft fürchtet. Hilf ihm, täglich reifer zu werden und im Glauben zu wachsen, seine Wünsche und Träume deinem Willen unterzuordnen und zu erkennen, dass für dich sogar die Dinge möglich sind, die für die Menschen unmöglich sind (Lukas 18,27). Zeig ihm die richtigen Ziele und hilf ihm, sein Leben so zu führen, dass er täglich in seine Zukunft investiert.

Herr, lass meinen Mann an jedem einzelnen Tag seines Lebens dir dienen. Bewahre ihn davor, seine Vision aus den Augen zu verlieren, und gib ihm eine Hoffnung für die Zukunft, die wie ein sicherer und fester Anker ist (Hebräer 6,19). Erfülle die Wünsche seines Herzens (Psalm 21,3) und beschenke ihn großzügig, weil er sich dir in Ehrfurcht naht (Psalm 61,6). Lass ihn aufwachsen wie eine immergrüne Palme und groß und stark werden wie eine Libanonzeder.

Gib, dass er noch im hohen Alter Frucht trägt und immer voll Saft und Kraft bleibt (Psalm 92,13-15). Schenke ihm eine so unerschütterliche Vision für die Ewigkeit, dass er sich nicht einmal fürchtet, wenn er eines Tages sterben muss.

Danke, dass er für alle Zeit in deiner Nähe bleiben darf und dass sein ganzes Leben im Schatten deiner Liebe stehen wird.

Kraft aus Gottes Wort

»Denn ich weiß genau, welche Pläne ich für euch gefasst habe«, spricht der Herr. »Mein Plan ist, euch Heil zu geben und kein Leid. Ich gebe euch Zukunft und Hoffnung.«

Jeremia 29,11

Schau auf die, die ehrlich und gut sind, denn vor denen, die den Frieden lieben, liegt eine wunderbare Zukunft. Die Gottlosen aber werden vernichtet werden, sie haben keine Zukunft.

Psalm 37,37-38

Die Gottesfürchtigen werden gedeihen wie Palmen und wachsen und stark werden wie die Zedern auf dem Libanon. Denn sie sind im Hause des Herrn gepflanzt und blühen in den Vorhöfen unseres Gottes. Noch im hohen Alter werden sie Frucht bringen und werden grün und lebendig bleiben, um zu bezeugen, dass der Herr gerecht ist. Er ist mein Fels! Kein Unrecht findet sich bei ihm!

Psalm 92,13-16

*E*ine einzige Bitte habe ich an den Herrn: Ich sehne mich danach, solange ich lebe, im Haus des Herrn zu sein, um seine Freundlichkeit zu sehen und in seinem Tempel still zu werden.

Psalm 27,4

Es gibt noch Hoffnung für die Zukunft, denn deine Kinder kehren in ihre Heimat zurück.

Jeremia 31,17